禅

山寺邦道傘寿記念

山寺邦道 編著

Parade Books

禅心とは、心を統一して三昧に入り寂静になること（禅定）。

禅心

學山邦道書

師匠の至境と頂相《ちんそう》

無《む》為《い》自《じ》然《ねん》

元曹洞宗管長　板橋興宗禅師

坐禅修行中の著者

はじめに

本書は、禅なかんずく坐禅の概要等を総括的に理解するためにまとめたものである。周知のとおり、仏教はインドで誕生し、アジア全域に拡散して中国などから大乗仏教として日本に伝播したわけであるが、その中にあって特に中国で仏教から変質した禅は、日本で開花し日本独自の形で発展した。そして鈴木大拙《だいせつ》博士の影響もあり今や特に企業リーダーや知識人の間において世界的に静かなブームを呼んでいる。

禅の人気が特に欧米諸国においてブームになっているのにはそれなりの理由がある。それは何といってもアップルのスティーブ・ジョブズやツイッターの創業者であるエヴァン・ウィリアムズなど、世界的に成功を収めた経営者が実用主義には限界があることを悟ったからである。すなわち論理的な思考だけでは突破できない壁を禅思想に求めたためであろう。

本著は禅に関するある程度の基礎知識をお持ちの読者を対象にまとめたものであるが、仏教の専門用語や禅特有の言語に加え人名等当用漢字にない読解困難な文字が文中に散見されているので難解な印象を持たれる読者が多いと思われる。したがって、少しでも読者が興味を持って理解していただけるように禅語集の紙面を多く取るとともに禅に関する故事を本書の全面に散りばめた次第である。

本著は、拙僧の終活の一環としてこの分野の知識を総括的に整理しておこうと思い起筆したものであるが、必ずしも納得のいく著書とは言い難い部分もあることは自覚している。したがって更に参究を要するが、この分野に興味のある読者に多少なりとも参考になればと思い、限りある人生であるが故に取りあえず小生の傘寿記念として発刊することとした。

読者が本書を通読され、広義の禅（坐禅）思想の概念の一端でも理解していただければ幸いである。加えて読者の忌憚のない御感想を頂ければ更に幸甚の極みである。

山寺邦道

目次

一　禅（坐禅）概説

「禅」という言葉は、もともとサンスクリット語の「ドウヤーナ」（dhyana、中国語では「禅那」と音写する）を語源とする。この言葉は、瞑想を意味し、インドにおいては、古くより、「ヨーガ」などと区別することなく、殆ど同じように用いられてきた。また坐禅の略としての意もある。ここでは、禅と直結する禅宗の視点から述べる。

禅宗は、南インド出身で中国に渡った菩提達磨《ぼだいだるま》（ボーディダルマ）を祖とし、坐禅を基本的な修行形態とする。ただし、坐禅そのものは古くから仏教の基本的実践の重要な徳目であり、坐禅を中心に行う仏教集団が「禅宗」と呼称し始めたのは、中国の唐代末期からである。こうして宗派として確立されると、その起源を求める声が高まり、遡《さかのぼ》って初祖とされたのが達磨であるが、歴史上の達磨による直接的な著作は存在が認められていない。伝承上の達磨がもたらしたとする禅は、部派仏教における禅とは異なり、大乗の禅である。

中国禅は、唐から宋にかけて発展し、征服王朝である元においても勢力は健在だったが、明の時代に入ると衰退していった。日本には、禅の教え自体は奈良時代から平安時代にかけて既に伝わっていたとされるが、純粋な禅宗が伝えられたのは、鎌倉時代の初め頃であり、室町時代に幕府の庇護の下で日本仏教の一つとして発展した。明治維新以降は、鈴木大拙《だいせつ》などにより日本の禅が、世界に伝えられた。

以下、その概要を更に詳細に解説することとする。

(一) 仏教と禅

先ず仏教と禅について大まかにいうと次のとおりである。仏教はインドで生まれたものであるが、禅は中国で生まれたものである。仏教が中国に伝わった際、形を変えたものが禅である。つまり、禅は仏教の一派ということになる。その証拠に、仏教も禅も、悟りに至ることが目的になっている。

ではなぜ仏教は仏教のまま中国に伝来せず、禅という形に変化するようになったのだろうか。それは、中国の人々の気質が関係している。当時の中国の人々は、極めて実践的であった。現代的表現で言うと、現実主義者とでも言うべきだろうか。あらゆる考え方や思想は、自分たちの日々の生活を営む中に落とし込んで暮らしてきたわけである。それは、中国土着の思想である儒教が、極めて実践的な哲学（処世術）であることからも伺える。

そんな中国の人々のもとにやってきたのが、インドから渡ってきた仏教の教えである。当時は釈尊が亡くなってから時間が経ち、弟子たちによって神格化された釈尊の教えや神秘主義的な多くのエピソードが伝えられた。しかし、当時の中国の三蔵法師等偉い宗教学者たちには、サンスクリット語で書かれたその経典を一生懸命漢語に翻訳し中国国内に広めようとしたが、現実主義的に生きてきた彼らには十分理解できなかった。

そんなわけで、彼らは「悟り」の教えを中国の人々の日常生活に当てはめて解釈する独自の方法を編み出し、深い精神経験の表現として「禅」を生み出さざるを得なかったのである。禅を生み出す過程で、中国土着の思想である儒教や道教の影響を受けたであろうことは容易に想像できるが、その説明は割愛する。

いずれにせよ、中国の人々の現実主義が生んだ禅が日本に伝わり、いまや世界で最も進んだ思想哲学の元になるとは、何とも不思議な感じがする。

(二) 禅とは何か

昔から禅というものに対する関心というのは一定数あったようだが、近年また世界的に少しその注目度が上がっているような気がする。多分それはスティーブ・ジョブズのような優れた経営者が禅に親しんでいたという事実が広まったことで、ただでさえ謎めいていた禅が、更に興味をかき立てられる存在になったという側面もあるように思う。以下、様々な視点から論述することとする。

◎禅と坐禅

禅というと坐禅を思い浮かべる者が多いだろう。実際のところ、禅宗とは、詰まるところ坐禅宗だと言ってしまってもいいと考えている僧侶は少なくない。特に禅宗の一派である曹洞宗は坐禅を最も重んじる宗派なので、曹洞宗僧侶である拙僧も坐禅宗という考え方には概ね異論はない。

禅は全く坐禅と同義とまではいかなくても、禅はほぼ坐禅と同義という構図は間違いではないと思っている。しかし当然のことながら坐禅だけで禅のすべてをカバーできるわけではない。したがって、本著の題名を『禅』としたが、帯に示した通り「禅は仏の心であり、坐禅は禅の象徴である」というのが拙僧の結論である。

◎禅という言葉の語源

冒頭で触れたが、更に分かり易く詳細に説明しよう。

禅という言葉は、サンスクリット語の「デイヤーナ」、パーリ語の「ジャーナ」の漢訳である。サンスクリット語とはインドに古くから存在する由緒正しい言語で、パーリ語はその俗語である。日本でいう標準語と地方の方言みたいな関係と大雑把に考えればよい。サンスクリット語の俗語はいくつもあるが、なかでもパーリ語は最もサンスクリット語に近い俗語といわれている。ちなみに釈尊の言行録ともいえる上座部経典である『阿含経』は俗語のパーリ語で書かれている。

このパーリ語の「ジャーナ」という言葉の音を聞いて、昔の中国の人は漢字に訳す際に似た発音をする漢字を当てはめた。それが「禅那（ぜんな）」という言葉である。ここから「那」が落ちて、禅という言葉が生まれた。だから「禅那」という漢字自体には、実は意味がないのである。パーリ語の「ジャーナ」に音が似ているというだけである。

このように発音をそのまま写した訳を音写といい、その反対に意味で訳すことを意訳という。したがって、禅那は音訳である。

◎禅の意訳

それで、重要なのはもちろん意訳の方なのだが、中国ではジャーナという言葉を「静慮（じょうりょ）」「定（じょう）」「思惟（しゆい）」などと意訳した。これらはすべて精神の統一を表す言葉であり、今日でいう瞑想と同じような意味である。

つまり禅とは、一言でいえば瞑想を意味する言葉であるといえる。そして仏教における瞑想は坐禅を指すため、禅と坐禅はほぼ同義というイメージへとつながっていくのである。

ちなみにサンスクリット語には「サマーデイ」という言葉があり、これは漢字で「三昧（ざんまい）」と音訳された。何かに没頭するような状態を「〇〇三昧」と呼ぶような場合である。意味はジャーナとほぼ同様で、やはり精神の統一を指す。集中している状態もまた、精神が統一された状態に近いと認識されていた。

◎仏教の三つの柱

禅の意味が精神の統一、瞑想にあるのは前記のとおりだが、それは仏教を構築する三つの柱の内の一つでもある。仏教には「三学」と呼ばれる大きな柱が三つあるのだが、その一つが「定《じょう》」、つまり瞑想である。ほかの二つは「戒《かい》」と「慧《え》」で、これに「定」を合わせた「戒《かい》・定《じょう》・慧《え》」を三学と呼んでいる。

「戒」というのは、生活指針のようなもので、規範・ルールのことである。僧侶や仏教徒は戒に乗っ取って生活することが相応しいと考えられているので、重要な三つの柱の一つは戒になっている。戒のことを戒律ともいうが、厳密にいうと戒と律は別物である。戒は私的な規範で、律は公的な規範である。だから仮に戒を破っても罪にはならないが、律を破ると罪になる。ちなみに最大の罪は教団からの追放である。

「慧」というのは、真実について考える頭の働きのことである。智慧ともいう。一般的に「ちえ」という言葉には「知恵」という漢字が用いられるが、仏教では知恵と智慧を区別して用いることが多い。例えば、人を騙して金儲けをする妙案を考える頭の働きは知恵(悪知恵)とも呼ばれる。しかし智慧は、人を騙して金を得て、それで本当に幸せなのかを考える頭の働きを指す。つまり真実を考える頭の働きが智慧であり、計算をする頭の働きが知恵というわけである。智慧の眼を開くことをもって悟りと表現されることもあるように、智慧の目を開くことが仏教の基本的な目的であるといえる。

禅においてもそれは例外ではないのだが、禅の特徴は何かと考えれば、三学でいうところの「定」を重視する考えだということができる。

◎体験を重視する禅

禅という言葉からその意味を探ろうと思えば、禅とは瞑想であるという結論が導き出される。しかし禅という一文字に内包されるものはそれだけではない。もう一つ大きな顔がある。それは、歴代の禅僧たちが大切にしてきた禅のあり方、すなわち頭でっかちになることを戒め、体験重視の教えであるという側面である。

禅の特徴をズバリ捉えた言葉に「不立文字《ふりゅうもんじ》」という禅語がある。真実とは文字や言葉で会得できるものではない。必ず実体験としてそれを体得せよというような意味の言葉であるが、この禅語がやはり禅の特徴を説明するのにはぴったりとした言葉だろう。

禅は仏教から発生した実践哲学のようなものであって、真実を悟ることと等しい価値観で、真実を体現することを主眼としている。仏になることを目指すというよりも、既に仏であることを自覚した上で、仏として生きることを目指しているのである。

仏という不変の存在を想定せず、「仏として生きる時、人はみな仏である」という考えのもと、仏として生きていくことを根本に位置付けているということもできるであろう。このあたりが、智慧を開くだけでなく体験としての「定」を重視するのが禅の特徴であり、「禅とは何か」の答えになるのではないかと思っている。

（三）ヨーガ、瞑想、坐禅、マインドフルネスの違いと共通点

◎四者の関係

ヨーガや瞑想といった言葉は、一体何を意味する言葉なのか分かりにくい。そしてそれ以上に、それぞれがどのような関係にあるのかが分かりにくい。そこでまずはヨーガ、瞑想、坐禅、マインドフルネスの関係を明らかにしておきたい。

この四者の中で歴史上、最初に途上するのがヨーガと瞑想である。ヨーガは技法であり、何のための技法かといえば、瞑想するための技法である。つまり、「ヨーガという技法を用いて瞑想する」という構図がまず成り立つ。

紀元前五～六世紀になるとインドに仏教が興り、仏教ははるか昔からインドに存在していたヨーガの技法を仏教の修行の一つとして取り入れた。目的はやはり、瞑想をするためである。

その後、仏教がインドからシルクロードを経由して中国に伝わると、膨大な数のあらゆる仏教用語が漢字に訳されていった。その中で、瞑想（サマーデイ）は「禅定」と訳され

た。禅定は「禅」とだけで表記されることもあり、また反対に「定」とだけで表記されることもあるが、どちらも「禅定」のことであり瞑想を意味している。

　時代は進み、二十世紀に入るとマインドフルネスという技法が登場する。ストレス緩和法として考え出された、瞑想のための技法である。つまり、ヨーガも坐禅もマインドフルネスも、すべて瞑想のための技法という関係にある。それではヨーガと坐禅とマインドフルネスは同じものかということになるが、それは少し違う。何が違うかと言えば、その目的である。どれも瞑想を目的としているのに違いはないのだが、その「瞑想」が意味するところが異なっている。

◎瞑想の目的

　そこで次に、この三者が瞑想をどのようなものと考え、どのような目的のために瞑想をするのかについて比較していきたい。

　ヨーガや坐禅やマインドフルネスは、何を目的としているのか。これを知ることで、それぞれの違いが鮮明になる。技法である点では同じでも、目的には最も本質的な違いが現れるからである。

○ヨーガの目的

ヨーガの目的は、瞑想の末にあるデイヤーナと呼ばれる精神状態にいたることである。それは究極的には、梵（宇宙）と我（自分）とが融合されるような瞑想状態と表現され、梵我一如《ぼんがいちにょ》と呼ばれる。一般的に流行しているヨーガは坐法や呼吸法に特化したものが多く、このような精神性を説かないことも多いようだが、坐法や呼吸法は瞑想の深化のために存在する。精神性を過度に説かないのは、宗教的な要素を極力排除したいという思いが絡んだ結果だと思われる。ただし、瞑想そのものには本来何ら宗教的な要素は存在しない。

瞑想とは、心を整えようとする営みであり、それは誰の身にも日常的に起こり得る現象である。宇宙などというといかにも神のような存在に結び付きやすいが、梵とは全存在という意味であり、大自然のことである。自然と自分とが一体になるような瞑想を目指しているくらいに受け取っていた方がいいだろう。

○坐禅の目的

坐禅に目的はない。坐禅をすること自体が目的であるといえるため、坐禅をした時点で目的は果たされてしまっている。なお、この著書の究極は、禅（坐禅）の本質的真理究明にあることから、読者がこの著書を精読し読者自身でその意味するところを掴み取っていただきたい。

○マインドフルネスの目的

マインドフルネスの目的ははっきりしている。それは瞑想による効果を社会の諸分野に応用することである。具体的には、ストレスの緩和や集中力の増大によって、医療・真理・ビジネス・スポーツ・教育・福祉などの様々な分野でこれを有益に応用しようとする試みである。

ヨーガや坐禅のように、掴みどころのないものを目指しているのではないため、意図するところがはっきりとしていて分かりやすい。瞑想による諸効果を日常生活に生かすため目的がはっきりと定まっている。

またマインドフルネスでも瞑想を行うわけであるが、ヨーガのような忘我状態にいたる深い瞑想を目指しているわけではない。むしろ妄想というよりも「集中」といったほうがいいくらいの、割と浅い意識の瞑想であると考えた方がいいように思う。

これは、ヨーガや坐禅が瞑想によって何かを得ようとは考えていないのに対し、マインドフルネスでは何かを得るために瞑想を行っているという違いによるものだと考えられる。

◎補足

物事を比較する上で気を付けなければならないのは、違いは必ずしも優劣ではないということである。ヨーガや坐禅が深い瞑想で、マインドフルネスが浅い瞑想だから、ヨーガの方が優れているかというと、そのようなことはない。目的によって違いが生まれるのは当然のことである。

比較することによってそれぞれの進む方向がどう異なっているかを知りたいのであって、どの方位が優れているかを知りたいのではないし、それはまた知り得ることもできない。北が優れていて、南が劣っている道理などないだろう。あっさり味とこってり味に優劣がないのと同じことである。優劣を見ようとするのは、我見によるものであって、それは結局思い込みや予断・偏見の類でしかない。違いはそれぞれの性質・特徴であって、どっちが優れているとか、どっちが劣っているかという話ではない。

この他天台学に取り入れられた「止観」という名前で位置づけられているものがあるがこれもある意味においては坐禅の範疇《はんちゅう》に包摂しても差し支えないものと考える。

(四) 禅と三昧

それでは坐禅の精神的核心（心）である三昧について論述する。

仏道を修行する者が修めるべき基本的な修行項目として、既に触れたが戒《かい》・定《じょう》・慧《え》の三つがある（これは、戒学・定学・慧学のことで三学といわれる）。始めの「戒」は戒律を守ることで、そのことが次の「定」、すなわち心を静めて集中し散乱させないようにすることを助け、それによって心が澄み切ると慧（般若の知慧）が湧き出て、真理を悟り、この世界の真実の姿を見極めること（「観」という）ができ、結果として仏道を完成させることができるという順序になっている。

つまり仏教的にいえば、迷える衆生は、まず慧すなわち般若の知慧が湧き出ていないので、この世界の真実の姿を知らない。言い換えれば、真実の一面しか見ていないというのである。この世界の真実の姿のことを「実相」というが、これを知らずには正しい判断も生き方も分からないことになる。

故に戒・定・慧の三つは密接不離、すなわち三つでありながら一つであり、一つとはいうが中身は三つなのである。

既に触れたが三昧とは、サンスクリット語のサマーディの音写で、この三学の二番目である「定」のことをいう。そして、三昧には、王三昧（静中三昧）と個三昧（動中三昧）とがある。王三昧とは坐禅のことを指し、三昧の中の三昧、三昧の王様、最も優れた三昧という意味である。個三昧は個々の三昧の意味で、坐禅以外の精神集中のことである。例えば禅宗の寺院での修行僧の読経、作務《さむ》、托鉢《たくはつ》などの寺院での行住坐臥《ぎょうじゅうざが》。在家の人であれば、毎日の真剣に集中した生活態度、その一挙手一投足の集中度が三昧の境地であるかどうかということになる。

個三昧の精神状態であるが、我々が普通外界のものを見るとき、見る自分と見られている対象物の二つがあるわけである。ところが、一生懸命とか夢中という場合には、意識の中から自分というものが消滅してしまって、対象だけになっている。つまり精神集中して二つのものが一つになっているのである。この精神状態が三昧である。

例えば読書三昧であれば、本と内容だけ、書道であれば筆と文字だけである。スポーツで言えば野球のバッターはボールになりきっている。こういう状態が身に付くと、不思議にも、ひとりでにその「モノ」が自分だという気持がしてくる。すなわち、モノと自分とが一体になってくるのである。すると自己の確立へと向かうことができる。人間本来の非常に好ましい姿が発現し、その人の人間性・個性・人格などといったもの、人間本来の自己が輝きだすのである。

ここで読経三昧、念仏三昧、唱題三昧等を例に説明しよう。

長い仏教の歴史の中では、禅宗に限らず修行のためにいろいろな三昧が生まれ今に伝わっている。

お経を読むと一口にいうが、それには三種類の読み方がある。①は、声を上げて仏壇の前などでお経を唱えるという読み方である。この読み方のときには、お経の意味を考えながら読んでいない。それは意味を考えながら読むと精神集中ができなくなり、読経三昧に浸れないからである。②は、机の前で意味をかみしめながら読むという、普通に考えられる読み方である。つまりお経の意味の勉強である。この読み方で大切なことは、小説を読むようにただ通り一遍ではなく、意味をかみしめることである。しかも繰り返すほど、また人生の経験を積むほど、更に仏道の歩みが進むほど、その深い意味を了解することができるようになる。難しいけれども楽しいものである。有難さが分かってくる。③は、一番大切でしかも難しい読み方だが、お経に書いてある内容を日常の生活に生かすという読み方である。これこそ仏教をした甲斐があることになる。

この三種のうち、①の読誦《どくじゅ》が三昧には適している。しかし三昧に入るにはある程度長いお経を読む必要がある。広く流布している般若心経を一回読誦するだけでは、とても三昧の境地には入れないので、何度も繰り返す必要がある。

しかし、繰り返すのならば、三昧のためにはなるべく単純なことを繰り返す方がよいから、「南無阿弥陀仏」の念仏や、「南無妙法蓮華経」という唱題を何度も何度も繰り返す方がよい。法然上人が宗祖の浄土宗には百万遍念仏という行があるくらいである。

ところで、そのような行によって一つになった念仏三昧とはどのような状態かを表現した故事があるので、以下紹介する。

鎌倉時代の中頃に、一遍上人が出て、時宗という念仏宗の一派を開いたが、この一遍上人がまだ修行中、一生懸命に念仏を唱えて、念仏三昧になろうとしたが、なかなか納得のいく念仏三昧を行ずることができなかった。口では一生懸命念仏を唱えていても雑念妄想で、念仏三昧に至らないのである。そこで、当時由良の法燈国師という禅宗の高僧の門をたたき、坐禅によって三昧力を養う修行を始めた。禅宗の雲水と一緒に本格の修行に精進を続け、ある日、念仏三昧の境地はこれだと、自分で納得できる境地に至ることができ、それを一首の和歌にして法燈国師に呈した。

唱うれば仏も我もなかりけり南無阿弥陀仏の声ばかりして

法燈国師はこれを聞かれて「未徹在《みてつざい》」といわれた。念仏と、念仏を唱えている一遍上人とで二つになっているという批判である。そこで直ちに一遍上人は次のように詠みなおされたという。

唱うれば仏も我もなかりけり南無阿弥陀仏南無阿弥陀仏

これであれば念仏が念仏をしているという一つで、法燈国師は直ちに禅の印可を一遍上人に与えられたと伝えられている。

「三昧、三昧を知らず」という教えがあるが、今自分は三昧に入っているのだということなど感じないのが三昧である。自分が坐禅をするのではなく、坐禅が坐禅をする、あるいは自分が念仏を唱えるのではなく、念仏が念仏するというように、自分が消えた状態にならなくては三昧ではない。坐禅なら坐禅、念仏なら念仏を終わって定（三昧）から出た状態に戻ってから、「ああ自分はさっき三昧に入っていたのだなー」と気が付くだけである。

坐禅によって三昧に入る禅定は、実践体験なしには到達できないし、それこそ手がかりさえも得られない。したがって、坐禅は専門家に付いて習うのが最良の方法である。少なくとも基本の大切なところはそうである。しかし現実問題として、寺の数は多いが、禅宗の寺はその一部に限られ、その中で積極的に門戸を開いて、現代人に適したように坐禅を指導してもらえる寺院は少ない。更に坐禅を習おうとやっと寺院を見つけても、禅寺の宗風からいって、孤高で凛としていて近づき難い感じがし、敷居が高いので入りにくい。ようやく入ったとしても、坐禅は漢方薬のようなもので、抗生剤のような速効を求める現代人とはマッチせず、始めは足が痛いだけに終わり（ただし頭は非常にスッキリする）二、三回で挫折してしまう人が多い。

日本の禅寺には、曹洞宗の寺と臨済宗の寺とがある。黄檗宗《おうばくしゅう》の寺もないではないが、まれである。数は曹洞宗の寺院が圧倒的に多い。

本書の最後の第七項に「坐禅のできる寺院案内」を掲載しておくので、坐禅体験に関心のある方は参考にされたい。

（五）禅宗の歴史（法嗣《はっす》）

釈尊は、生きることについて深く悩んだ末に出家し、六年間山林に籠って、ひたすら苦行を続けたが、その苦行が無意味であると考えるに至った。そして菩提樹の下で瞑想に入り、ついに悟りに到達した。この瞑想こそが坐禅の始まりである。

この禅思想は釈尊で始まり今日まで延々と続いているわけであるが、その歴史は①釈尊から菩提達磨《ぼだいだるま》まで②菩提達磨から大鑑慧能《だいかんえのう》まで③大鑑慧能以降に区分して説明するのが適当であると考える。

禅宗の歴史を説明する場合、様々な論述方法があると思うが、ここでは法嗣の視点を中心に簡潔に述べることにする。特に法嗣の主な節目である釈尊、菩提達磨、大鑑慧能、天童如浄に至る法嗣の経緯等については、読者の興味を引くため故事を加えながら論を展開することとする。

なお、古典系譜上釈尊以前にこの世に現れたとされる過去七仏の説明については、割愛する。

◎インド・釈尊から菩提達磨《ぼだいだるま》まで（西天二十八祖）

仏教（禅）は、釈迦牟尼仏（釈尊）から始まるが、菩提達磨までの略法系譜は次のとおりである。

（釈尊から菩提達磨までの略法系譜）

釈尊《しゃくそん》（仏祖）─摩訶迦葉《まかかしょう》（初祖）─阿難陀《あなんだ》─商那和修《しょうなわしゅ》─優婆毱多《うばきくた》─提多迦《だいたか》─

─弥遮迦《みしゃか》─婆須密《ばしゅみつ》─仏陀難提《ぶつだなんだい》─伏駄密多《ふだみった》─婆栗湿縛《ばりしば》─富那夜奢《ふなやしゃ》─阿那菩底《あなぼてい》─

─迦毘摩羅《かびもら》─那伽閼刺樹那《なぎゃあらじゅな》─迦那提婆《かなだいば》─羅睺羅多《らごらた》─僧伽難提《そうぎゃなんだい》─迦耶舎多《かやしゃた》─

─鳩摩羅多《くもらた》─闍夜多《しゃやた》─婆修盤頭《ばしゅばんず》─摩拏羅《まぬら》─鶴勒那《かくろくな》─師子菩提《ししぼだい》─婆舎斯多《ばしゃした》─

─不如密多《ふにょみった》─般若多羅《はんにゃたら》─菩提達磨《ぼだいだるま》（西天二十八祖）

（釈尊から摩訶迦葉への法嗣《はっす》の故事）

拈華微笑《ねんげみしょう》の故事をかみ砕いて解説する。釈尊（釈迦牟尼仏）は、数ある弟子の中で、摩訶迦葉という人物を法嗣と定めた。したがって、摩訶迦葉が西天初祖となったわけであるが、なぜ摩訶迦葉が釈尊の後継者に選ばれたのか。それが『碧巌録《へきがんろく》』及び『無門関《むもんかん》』を通じて末代まで語り継がれている拈華微笑の故事である。

ある日、釈尊が霊鷲山《りょうじゅせん》で説法しておられたとき、梵天から献じられた金波羅華《こんぱらげ》の一枝を取って、居並ぶ弟子に示された。しかし、何を意味するのか、弟子たちはさっぱり解らず、誰もが無言であった。ただ、摩訶迦葉だけがニッコリ微笑んだ。その瞬間、釈尊は、摩訶迦葉を後継者にすることを決めたのである。

その時釈尊曰く「私には正しく法を見る目があり（正法眼蔵《しょうぼうげんぞう》）、涅槃《ねはん》へ導く心がある（涅槃妙心）。それは形があるようで形がない（実相無相）、不思議な教えだ（微妙の法門）。文字や言葉では表しきれず（不立文字《ふりゅうもんじ》）、これまで説いてきた教えとは違う世界である（教外別伝）。これを摩訶迦葉に託そう」

釈尊は、摩訶迦葉《まかかしょう》が微笑んだ瞬間、言葉を交わすこともなく心が通じ合ったのである。

この故事から「以心伝心《いしんでんしん》」という言葉が生まれ、同時に「不立文字《ふりゅうもんじ》、教外別伝」が禅を象徴する重要な教えとして伝わることになったのである。

なぜ摩訶迦葉が微笑んだのか？　釈尊が花を示された意味は何なのか？　その答えはどこにも書いてないのである。これが「禅」である。

この時、伝法の証として、金襴《きんらん》の袈裟が摩訶迦葉に授けられたという伝承があり、その後の法嗣《はっす》にあたっては、その衣、又は衣鉢（衣と応量器）が、伝法の証として代々伝授されていったとされている。

◎中国・菩提達磨《ぼだいだるま》から大鑑慧能《だいかんえのう》まで（唐土六祖又は東土六祖）

菩提達磨が六世紀の初め頃中国に禅を伝えに来た。揚子江を渡り、魏《ぎ》の都の洛陽に来て嵩山《すうざん》の少林寺で坐禅していた。そこで達磨から法を嗣いだのが、慧可《えか》である。

中国の禅宗の系譜は、菩提達磨を初祖として、二祖太祖慧可《たいそえか》─三祖鑑智僧燦《かんちそうさん》─四祖大医道信《だいいどうしん》─五祖大満弘忍《だいまんこうにん》─六祖大鑑慧能《だいかんえのう》へと継承された（前述したインドの西天二十八祖に続き、これを唐土六祖又は東土六祖という）。

したがって、菩提達磨は、西天二十八祖であると同時に唐土初祖ということになる。

（初祖達磨から二祖慧可への法嗣の故事）

梁《りょう》の武帝との問答（151～153頁参考のこと）のあと、菩提達磨は北朝の魏の嵩山少林寺を訪ねた。そして寺に籠って、九年間一歩も外に出ず、壁に向かって坐禅を続けたことから、「面壁九年」と呼ばれている。九年間坐り続けるうちに、菩提達磨の手足は腐ってしまったという伝説がある。縁起物として飾られる真っ赤な「だるま」は、この菩提達磨の伝説に基づいて作られたとされている。

菩提達磨が坐り続けて九年後に現れたのが、慧可（四八七～五九三）である。慧可はまた、神光《しんこう》ともいう。法を求めて各地を行脚《あんぎゃ》し、四十歳頃に少林寺を訪れた。

その時のことを、『碧巌録《へきがんろく》』が大略次のように語っている。

神光は、洛陽のあたりで学問に励んでいた。道を求めてあまねく群書を読みあさったが、得心がいかない。少林寺に菩提達磨《ぼだいだるま》がいると聞き、朝夕訪ねて行って道を問うたが、しかし、菩提達磨は面壁坐禅をしたまま何も語ってはくれなかった。

その後、十二月八日の成道会《じょうどうえ》の日に釈尊求道の辛苦のさまを思い返した神光《しんこう》は、翌九日の大雪の夜、決死の覚悟で菩提達磨のもとを訪れた。夜通し石段の下に立ち尽くし、やがて雪は膝の上まで降り積もった。

そこでようやく声をかけた菩提達磨に、神光は涙ながらに道を乞うた。しかし、菩提達磨はなおも非情に突き放した。「諸仏の道は行じ難きを行じ、忍び難きを忍ぶもの。賢《さか》しらや慢心で得られるものではない」。すると神光は刀を取り出し、自らの左腕を断ち切って菩提達磨の前に差し出した。達磨はようやくその機根を認め、問いかけた。

遂《かく》て問う、「汝《なんじ》、雪に立ち臂《うで》を断つは、当《は》た何事の為ぞ？」。二祖曰く、「某甲《それがし》、心《こころ》、未《いま》だ安からず、乞《こ》う師、心を安んぜよ」。磨云く、「心を将《も》ち来《きた》れ。汝《なんじ》が与《ため》に安《やす》んぜん」。祖曰く、「心を覓《もと》むるも了《つい》に不可得《ふかとく》」。磨云く、「汝が与《ため》に心を安んじ竟《おわ》れり」。

（『碧巌録《へきがんろく》』第九十六則・頌評唱）

現代語訳

菩提達磨「雪の中に立ち、腕を断ち切るのは、いったい何事の為か？」
二祖慧可「私は心が安らかでありません。どうか師よ、心を安らかにしてください」
菩提達磨「ならば、その心をもってまいれ。安んじてやろう」
二祖慧可「心を探し求めましたが、全く捉えることができませぬ」
菩提達磨「ふむ、これで、汝のために心を安らかにし終わった」

苦しむ心や悲しむ心、喜ぶ心は、状況によって現れるだけで、本来、そのような心の実体はないのである。そう神光が気付いたときに、「安心させ終わった」というわけである。
神光は、この後慧可《えか》という名を与えられ、菩提達磨の弟子となった。更に数年後、菩提達磨の法嗣《はっす》となり禅宗の唐土第二祖となるのである。これが有名な「慧可断臂《えかだんぴ》」の故事である。

次に**唐土五祖弘忍《こうにん》から唐土六祖慧能《えのう》への法嗣の故事**に移ろう。
五祖弘忍は、千人もの弟子を擁する大和尚であった。菩提達磨から五代進むうちに、禅の教えは徐々に支持を集め、大きな教団を形成するまでになっていた。

その弘忍《こうにん》に慧能《えのう》が会いに行った時の挨拶は、次のようなものであった。

弘忍が慧能に尋ねて曰く「お前はどこから何しに来たのか？」慧能答えて曰く「私は嶺南から来た百姓です。ただ法を求めて来ただけです」弘忍曰く「お前のような田舎者の山猿に法など分かるものか」すると、慧能は次のように答えた。

「人に南北有りと雖《いえど》も仏性には本《もと》より南北無し。葛獠《かつりょう》（獣のこと、人をけなす言葉）の身は和尚と同じからざるも、仏性は何の差別か有らん」

（中川孝『禅の語録4 六祖壇経《ろくそだんきょう》』筑摩書房）

慧能は、「地域には東西南北の隔てがありますが、仏法に東西南北があるでしょうか。私のような山猿と和尚さんとでは立場が違いますが、仏の本質に何の差がありますか」と反論した。これに対して、弘忍は「生意気な小僧め」と怒りを露わにし、「お前のような者を弟子にするわけにはいかん、米でも搗《つ》いておれ」と言いつけた。

慧能は、言われた通り米搗き蔵に行き、八か月間、ひたすら米を搗いて過ごした。僧としての修行はさせてもらえず、行者《あんじゃ》（禅寺にいて給仕をする者）のまま寺にいた。

実は、弘忍は最初の問答で、慧能の才気に気付いていた。辺境の地からやってきた何の学もない青年を、「これこそ本物だ」と見抜いていたのである。しかし、千人も弟子のいる中で、来たばかりの者をすぐ弟子にしては、皆が嫉妬する。そのため、慧能を米搗き蔵に押し込めて守ったのである。

八か月が過ぎた頃、弘忍は弟子たちにこう言った。

「私はもう高齢なので、後継者を決めたい。ついては、我と思うものは自分の心境を偈《げ》（詩）に託して持ってきなさい」

つまり、衣鉢を継ぐ第六祖に相応しいものかどうか、詩で試験するといったのである。そこで、上座の位にある神秀《じんしゅう》が詩を作り、弘忍の目の付く場所に貼り付けた。神秀は、千人の弟子の中で指導役を務める、ずば抜けて優秀な僧であった。誰しも「後継者は神秀だろう」と期待する中、彼が悩みながら作った詩がこれである。

身は是《こ》れ菩提樹《ぼだいじゅ》、心は明鏡《めいきょう》の台の如《ごと》し。
時時に勤めて払拭して、塵埃《じんあい》に染《けが》さしむること莫《なか》れ。　（前掲書）

詩の大意は、「誰でも体は釈尊と同じであり、心も釈尊と同じく美しい鏡のようなものである。だから、鏡に埃《ほこり》がつかないように心がけて磨きなさい」というものであった。五祖弘忍《こうにん》は、この詩を読んで、皆に「この詩に従って修行しなさい。必ず悟りを開けるだろう」と告げた。しかし、裏では神秀《じんしゅう》を呼び出し、「まだこれでは足りない。もう一度作り直しなさい」と命じたのである。

そうとは知らない他の弟子たちは、神秀の詩を有難がって朗読していた。米搗《つ》き蔵にいた慧能《えのう》の耳にも入ってきた。慧能は、神秀の詩を聞いて「これではおかしい」と感じ、傍らの人に「自分にも詩ができました。でも、文字を知りませんので書いていただけませんか」と言うと、その人は面白がって、「行者《あんじゃ》にも詩がつくれるのか」と言いながら書いてくれ、同じように壁に貼ったのである。

菩提は本《もと》より樹《じゅ》無し、明鏡も亦《また》台に非《あら》ず。
本来無一物《むいちもつ》、何れの処にか塵埃《じんあい》有らん。
（前掲書）

「悟りというものは、もともと樹という形あるものではない。鏡のような心もまた、台などという形あるものではない。もともと何もないのだから、どこに埃《ほこり》が付くというのだ」

慧能の作った詩は、このような意味である。

神秀の詩は、「身は是れ菩提樹、心は明鏡の台の如し」であった。体を樹の形に、心を台に据えた鏡に限定している。限定した身心を「常にきれいにしなさい」といっているのであるが、誰でも老いぼれて衰えていく体をどう綺麗に保つのか。「これは本物ではない」と慧能はすぐさま見抜き、そこで作った詩が、「本来無一物、何れの処にか塵埃有らん」という反論だった。神秀より格段に透徹した世界をうたったわけである。

この詩を詠んだ僧たちは「驚き、感心した」と、後に慧能は言っているが、修行を積んだ者ほど、彼の才能の深さに震えたはずである。

では五祖弘忍はどうだったかというと、壁に貼ってある慧能の詩を見て「まだ足らん」と言って破り捨てた。しかし、これは本心ではなかった。夜中に慧能を呼び出し、二人きりで話をした。この時話した内容は、一切伝わっていない。おそらく、最も重要なことをいくつか質問したのであろう。その応答によって、五祖弘忍は慧能に六祖位を継がせることを決意したのである。

「慧能よ、お前は六代の祖である。その証拠に衣鉢を託そう」そして五祖は、こう続けた。「ここに留まっていると命が危ない。今すぐに立ち去るがよい」

慧能は、その夜の内に山の麓の川を渡り、南方へと旅立った。向こう岸まで、五祖自らが舟を漕いで送ったといわれている。そして別れる際、五祖は慧能《えのう》の身を案じて、以後五年間は身を潜めることを命じたのである。

翌朝、弟子たちは慧能が衣鉢を持って出ていったと知り、怒り狂った。何十年も修行してきた僧たちが、何も修行していない、頭も剃っていない行者《あんじゃ》に出し抜かれたわけであるから、腹が立つどころの騒ぎではなかった。数百人が彼を追いかけたが、探し出すことはできなかった。

それから約五年、慧能は五祖に命じられた通り名を伏せ、広州山中に身を隠していたと伝えられている。

以上要するに五祖弘忍《こうにん》は、神秀《じんしゅう》と慧能の二弟子を出した。神秀は北方の長安に、慧能は南方において活動した。それで神秀の禅は北宗禅、慧能の禅は南宗禅と称された。しかし後世に展開する禅は南宗禅であり、五祖弘忍の法を嗣いだ慧能は六祖慧能と称せられその命脈は今日に至っている。一方神秀の北宗禅は、間もなく廃れてしまった。

◎中国・大鑑慧能《だいかんえのう》以降

本著の冒頭で既に述べたが、中国禅の最盛期と衰退期を一言でいうと、唐から宋にかけて発展し、征服王朝である元においても勢力は健在であったが、明の時代に入ると衰退していった。なお、最盛期等の要点を簡単にまとめると次のとおりである。

六祖大鑑慧能（六三八〜七一三）は青原行思《せいげんぎょうし》と南嶽懐譲《なんがくえじょう》を出し、青原行思の系統に曹洞宗・雲門宗・法眼宗ができ、南嶽懐譲の系統に臨済宗・潙仰宗《いぎょうしゅう》が成立する。この曹洞宗・雲門宗・法眼宗・臨済宗・潙仰宗を五家という。これに臨済宗から分派した黄竜派と楊岐派《ようぎは》を加え、大鑑慧能以降の中国禅宗では五家七宗と称する。

日本には、禅の教え自体は奈良時代から平安時代にかけて既に伝わっていたとされるが、純粋な禅宗が伝えられたのは、鎌倉時代の初めごろであり、室町時代に幕府の庇護の下で日本仏教の一つとして発展してきた。特に中国曹洞宗と中国臨済宗の二派が日本に入ってきて今日に至っている。

なお、大鑑慧能以降の禅宗略系譜は、次表（次頁）のとおりである（説明文では複雑多岐で解かりづらいので簡略に図表とした）。

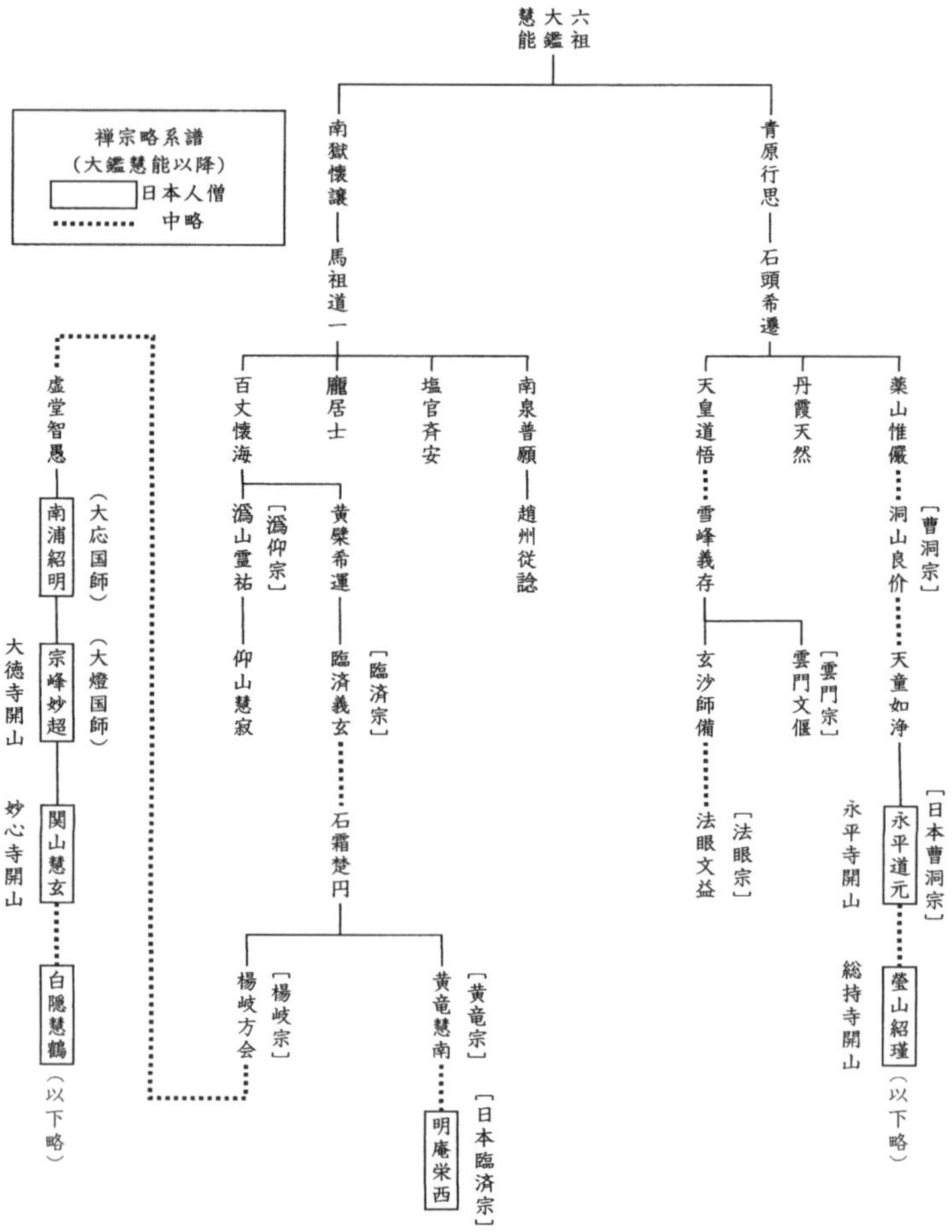
禅宗略系譜
（大鑑慧能以降）
日本人僧
中略
六祖大鑑慧能
青原行思
石頭希遷
薬山惟儼
洞山良价
［曹洞宗］
天童如浄
永平道元
［日本曹洞宗］
永平寺開山
瑩山紹瑾
総持寺開山
（以下略）
丹霞天然
天皇道悟
雪峰義存
雲門文偃
［雲門宗］
玄沙師備
法眼文益
［法眼宗］
南嶽懐譲
馬祖道一
南泉普願
趙州従諗
塩官斉安
龐居士
百丈懐海
黄檗希運
臨済義玄
［臨済宗］
石霜楚円
黄竜慧南
［黄竜宗］
明庵栄西
［日本臨済宗］
楊岐方会
［楊岐宗］
潙山霊祐
［潙仰宗］
仰山慧寂
虚堂智愚
南浦紹明
（大応国師）
宗峰妙超
（大燈国師）
大徳寺開山
関山慧玄
妙心寺開山
白隠慧鶴
（以下略）

◎日本・古代の禅宗

以下時系列的に簡単に触れると次のとおりである。

①中国の禅宗を初めて日本に伝えたのは、法相宗の道昭（六二九〜七〇〇）である。彼は白雉《はくち》四（六五三）年遣唐使に従って入唐し、禅宗の慧満《えまん》（二祖慧可《えか》の法嗣《はっす》）から禅を学び帰国した。

②唐僧道璿（七〇二〜七六〇）が神秀《じんしゅう》の北宗禅を伝えるため平安八（七三六）年日本に来日した。

③平安時代には、天台宗の最澄（七六七〜八二二）が、中国の天台山禅林寺で学んだ北宗禅を習得帰朝し、比叡山に禅宗も取り入れた。

④嵯峨天皇（七八六〜八四二）の頃には、唐の国から南宗禅の義空が来日した。彼は檀林皇后（嵯峨天皇の皇后）から檀林寺を創建してもらったが、在日数年で帰国してしまった。

しかし禅宗が日本に深く根を下ろしたのは、鎌倉期以降である。

◎日本・鎌倉期以降

鎌倉時代以降、我が国に伝えられた初伝の禅宗は、栄西（一一四一～一二一五）とされている。なお、その頃の禅宗の伝えられ方は、次の四分類に区分することができるが、その詳細については割愛する。

①栄西・聖一らの流派で、教禅兼修の家風をなし、教乗禅的性格を持つもの。

②蘭渓・祖元ら来朝僧による鎌倉禅で、禅林清規《ぜんりんしんぎ》によって祖師禅を挙揚したもの。

③南浦紹明によって齎《もたら》された純粋祖師禅で、後に応灯関《おうとうかん》の一流となって発展するもの。

④道元禅師の曹洞禅。（荻須純道『禅宗史入門』平楽寺書店参照）

日本に現存する④曹洞宗と③臨済宗（黄檗宗《おうばくしゅう》を含む）の系譜は、前掲の禅宗略系譜に掲げたとおりである（42頁の禅宗略系譜参照のこと）。

日本曹洞宗は、大本山が永平寺と總持寺の二寺院になっているが法嗣《はっす》上も実質的にも分派していない（曹洞宗管長は、永平寺と總持寺の貫主が交互に就任している）。

一方現存する日本臨済宗は、中国臨済宗が黄竜派と楊岐派《ようぎは》に分派したため、黄竜派の栄西の流れではなく、十四派すべて楊岐派の白隠慧覚《はくいんえかく》の法系である。また、黄檗希運《おうばくきうん》の黄檗宗は、その弟子臨済義玄が法嗣しているので、厳密には異論があるが臨済宗に包摂されていると見て差し支えない（日本の黄檗宗は、中国臨済宗楊岐派の高僧隠元隆琦《いんげんりゅうき》〈一五九二〜一六七三〉によって、近世江戸期になってから日本に渡来したものである）。

周知のことであるが、道元禅師と栄西禅師の生涯について、ここで極々簡単に触れよう。

道元禅師は、正治二（一二〇〇）年村上源氏の流れをくむ久我通具《こがみちとも》と、摂政関白藤原基房《もとふさ》の娘の間に生まれた。ところが三歳のとき父親を亡くし八歳のとき母を失い、人生の無常を感じて、母の望み通り出家への道を志した。十三歳になると、比叡山の麓に住む叔父の良顕を訪ねて出家を求め、その叔父の伝手《つて》で翌年、延暦寺の天台座主公円僧正のもとで得度した。

修行中「生まれながらに仏性がある人間が、なぜ悟りを求めて修行しなければならないのか」の疑問を解決すべく比叡山を下山し、やがて建仁寺の栄西の弟子、明全と共に中国に渡り天童山の如浄禅師と運命的な出会いをする。如浄禅師のもとで修行中「身心脱落」を体験するわけであるがその故事を紹介しよう。

（天童如浄から道元禅師への法嗣《はっす》の故事）

道元と共に入宋した、明全の寂後、間もなく宝慶元（一二二五）年の夏安居《げあんご》も終わりに近づいたある日の暁天《きょうてん》坐禅の際に、居眠りをしていた禅僧に、如浄禅師は「一切の執着を捨てて坐禅をしなければならないのに、眠るとは何事か」と大叱正した。その時、隣単で坐禅していた道元はその言葉に勝善と大悟した。この時、道元二十六歳であった。

そして、宝慶元年の九月十八日、侍者並びに宗端知客《しゅうたんしか》などの立会いの下で、「仏祖正伝菩薩戒脈」が如浄から授けられた。ここに、諸仏祖より単伝し如浄に伝えられた正伝の仏法が道元に嗣続されたのである。

道元禅師（一二〇〇〜一二五三）は、我が国に曹洞禅を伝え、宇治の興聖寺や越前の永平寺を開かれ、曹洞宗では「高祖」と仰がれているが、五十三年の生涯で特質すべき功績の一つは後世に立派な書籍を残したことである。すなわち『正法眼蔵《しょうぼうげんぞう》』『普勧坐禅儀《ふかんざぜんぎ》』『永平広録』『永平大清規《えいへいだいしんぎ》』『学道用心集』など道元禅の真骨頂の著作である。

一方、栄西禅師の生涯については、その主著『興禅護国論』の序文に詳しく書かれている。それによると栄西は備中（岡山県）吉備津神社の神官の子として生まれ、十三歳のとき、比叡山に登って天台の教義を学び、十四歳で戒を受けて正式な天台僧となり、栄西と名乗った。二十八歳のとき、宋に渡り、天台教学の論書を持って帰国し、当時の座主に献じた。二十八歳から四十七歳まで、天台僧として活躍し、多くの書物を著した。

四十七歳のとき、インドの仏跡を訪ねようとして再び入宋するが、国情のため果たせず、天台山に登って、臨済宗黄竜派の禅僧の虚庵懐尚《こあんえしょう》（生没年不詳）に初めて参禅する。ここで虚庵から印記（悟りの証明書）と「明庵《みんなん》」の号を授けられ、帰国の途に就いた。その後朝廷や幕府の外護を受け、禅僧栄西の活躍が始まった。最後は京都の建仁寺で、七十五歳を一期として入滅された。しかし現存する臨済禅は前述したとおり臨済宗中興の祖白隠禅師の流れをくむものであり黄竜派の栄西禅は途絶えている（42頁の禅宗略系譜参照のこと）。

ここで日本の曹洞宗と臨済宗の坐禅の相違点について簡単にまとめておくことにする。

道元の伝えた曹洞禅は、宋の宏智正覚《わんししょうがく》（一〇九一～一一五七）が唱えた「黙照禅《もくしょうぜん》」と呼ばれるもので、臨済禅の標榜する大慧宗杲《だいえそうこう》（一〇八九～一一六三）の「看話禅《かんなぜん》」と、その禅風が異なる。すなわち①曹洞宗には只管打坐《しかんたざ》という坐禅哲学があり、ただひたすらに坐禅（只管打坐）するが、臨済宗では公案を用いた禅問答によって坐禅が正しく進んでいるかを点検する。

また曹洞宗と臨済宗とでは坐禅の仕方に微妙な違いがある。②曹洞宗では面壁といって壁に向かって坐るが、臨済宗では壁を背にする。③警策《きょうさく》（曹洞宗ではきょうさくと呼ぶが臨済宗ではけいさくと呼ぶ）の叩き方が、曹洞宗では後ろから肩を打つが、臨済宗では前から修行者をかがませて背中を叩く。④また坐蒲《ざふ》というお尻の下に敷く布団の形が、曹洞宗では丸いが、臨済宗では座布団を半分に切ったような矩形をしている。更に⑤経行《きんひん》の仕方が曹洞宗は緩歩《かんぽ》であるが臨済宗は速歩《そくほ》である。概略以上が相違点といえる。

拙僧は、国内留学中鎌倉円覚寺の居士林《こじりん》（坐禅堂）で臨済宗の大接心を体験したことがあるが、坐禅そのものは曹洞禅と同質のものであることを確認している。

したがって、曹洞宗と臨済宗（黄檗宗《おうばくしゅう》を含む）の坐禅は、釈尊（仏祖）から菩提達磨《ぼだいだるま》（西天二十八祖）及び菩提達磨から大鑑慧能《だいかんえのう》（唐土六祖）までは同系であることからしても坐禅の本質においては遜色がないことを申し添えたい。

最後に血脈《けちみゃく》の意味と拙僧の法嗣《はっす》等に触れ、禅宗の歴史（法嗣）の項目を閉じることにする。

血脈とは、仏教において法典や真理、口伝の説法など法と呼ばれるものが師から弟子へと受け継がれていくことを意味し、血の繋がりにたとえた表現である。すなわちこれまで述べてきた通り釈尊には弟子がいて、その弟子にも弟子がいてといったことを繰り返しながら今日まで繋がり、このすべての系譜が血脈に記されている。

在家の人が仏弟子として戒名を導師（僧侶）から授与されることがあるが、本来は生前に仏教徒になった時点で授与されるものであり、血脈もその時に同時に授与される。しかし、現在では亡くなった直後の葬儀の際に授与されるのが一般的となっており、血脈は棺の中に収められることが多い。

なお、拙僧の血脈は、釈尊の後継者・摩訶迦葉《まかかしょう》尊者から出家得度の師匠である元曹洞宗管長板橋興宗禅師様（八十四代）の法灯を継承（その際戒名と血脈と略袈裟と応量器を法嗣の証として授与されている）しているので、拙僧は八十五代ということになる。

したがって、拙僧が葬儀の導師をすれば、その故人は八十六代目の血脈を継承することになる。

(六) 坐禅

◎坐禅の仕方

初心者が坐禅の仕方の概要を容易に理解できるように極めて簡潔な説明とする。したがって、実際に坐禅を体験したいと思っている読者は、その細部について直接各坐禅道場で指導を受けられたい（坐禅のできる寺院案内211〜219頁参照のこと）。

なお、現在日本の坐禅は、曹洞宗と臨済宗（黄檗宗《おうばくしゅう》を含む）の二派であるが、前述したとおり両者は禅風が異なるが坐禅そのものにおいては本質的に異なるところはない。しかし形式的な立ち居振る舞い等に若干の差異がある（47〜48頁参照のこと）。

先ず坐禅をする環境等であるが、坐禅は本来禅堂（坐禅堂）と呼ばれる道場で行うが、禅堂がない寺では本堂で行う。禅堂には「聖僧」と呼ばれる文殊菩薩が、堂内中央に祀られている。

坐禅を行う場所は静かな環境を選び、昼は明るすぎず、夜は暗すぎず、また夏暑すぎず、冬寒すぎずといった場所が相応しい。坐禅を始めるときは、食後すぐは避け、また服装は、足を組むのに楽なゆったりとした服装がよい。足は裸足である。

禅堂における各自の席を「単」と呼ぶ。広さは畳一枚ほどで、坐蒲《ざふ》（円形座布団）が敷かれている。「起きて半畳、寝て一畳」といわれるこの空間は修行僧にとっては最も神聖な場所であり、生活の場でもある。

畳の手前には牀縁と呼ばれる木の縁があり、食事の際には食器が置かれる場所でもあるので、ここに尻を乗せたり、足で踏むことは厳禁である。単に上がるときは、先ず自分の席に向かって合掌し、頭を下げる。

堂内では私語は禁止されており、坐禅は無言の行である。したがって、禅堂での行動はすべて鐘の合図によって進行する。すなわち鐘の合図を聞いて行動する。

以下曹洞宗の坐禅の仕方を中心に説明する。

○合掌
坐禅の道場に入るときは、先ず合掌をする。肘を脇から離してほぼ水平になるようにし、指先は鼻の高さにそろえる。歩くときは右の手で左手をおおい、胸に軽く当てる。左手は親指を中に拳をつくる。それを叉手《しゃしゅ》という。

禅堂では自分が坐る場所に向かって合掌し、頭を下げる。すでに両隣に坐っている人も、それに応じて合掌し、敬意を表する（隣位問訊《りんいもんじん》）。

次に、右回りで向きを変え、向かい側に坐っている人に合掌して頭を下げる。向かい側の人も合掌する（対坐問訊《たいざもんじん》）。

座禅の姿勢

○坐り方

坐蒲《ざふ》の上に腰を下ろし、足を組む。坐禅の正式な坐り方は、結跏趺坐《けっかふざ》である。結跏趺坐とは、右の足を左の腿《もも》の上に乗せ、続いて左足を右の腿の上に乗せる。結跏趺坐ができなければ、左の足を右の腿の上に乗せる半跏趺坐《はんかふざ》でもよい。

どちらの坐り方においても基本は、両膝を床（畳・座布団）に付けて姿勢を整えること。あまり深く坐らず、坐蒲の前半分から三分の二くらいに坐るとよく、調整しながら両膝を床につけるとよい。

座禅の姿勢（側面）

○面壁《めんぺき》

足を組んだら、左手で坐蒲をおさえ右手を床につけて、坐蒲と一緒に右に回って壁に向かう。これを面壁という。臨済宗では、壁を背にして坐る。

○上体

背骨をまっすぐ伸ばし、臀部を後方に突き出すようにして腰を安定させる。首や肩の力を抜き、顎《あご》を引く。からだの一部に不自然な力が入らないように気を付け、丹田（下腹部）に重心を持っていくようにする。

坐った姿勢を安定させるために、上半身を左右に揺り動かす。最初は大きく、次第に小さく動かす。これを左右揺振《さゆうようしん》という。

○手の組み方

組んだ足の上に右手を上向きにして乗せる。左手も同じようにして、左手の四本の指が、右手の四本の指の上に重なるようにして置く。そして軽く左右の親指の先をつけて楕円を形作るようにする。

これは、釈尊が坐禅をしているときの印であり、法界定印《ほっかいじょういん》という。

○目の位置

目は閉じない。視線をおよそ一メートル前方、約四十五度の角度に落とす。

○呼吸

深呼吸のように息を深く吸い込み、口から静かに吐き出す。これを数回行い、その後は自然な鼻呼吸にまかせる。

そのとき舌の先は上の歯の内側の付け根につけ、歯と歯とをつけ、唇をしめる。口は真一文字に結んで、開けたり、動かしたりしない。

○止静《しじょう》鐘《しょう》

坐禅の開始を告げる鐘が鳴ると、堂頭《どうちょう》（住職）が入堂して堂内を一巡し、検単（正しい坐にあるかを点検）する。

自分の後ろに堂頭が来たら、法界定印をほどいて合掌し、通り過ぎたらもとに戻す。鐘が三回なったら坐禅を開始する。

○心がまえ

曹洞宗は只管打坐《しかんたざ》、何も考えず、坐禅の目的も考えず、坐禅によって悟りを開こうとさえ思わずに、ただひたすらに坐る。目に見えるもの、耳に聞こえるものがあっても、ただそれを受け流す。雑念が湧いてきても、無理に追い払うことなく、かといって雑念に支配されてしまうこともなく、ただそのままにしておく。

○警策《きょうさく》

坐禅会では、心のゆるみを直すために警策が打たれる。警策は「懲らしめ」ではない。眠気を覚まし気持ちを引き締めてもらうためのものである。

姿勢が乱れたり、居眠りをしているとき、直堂《じきどう》（警策を打つ人）が右肩を打つ。いきなり打つことはなく、最初は右肩を軽く打って予告されるので、そのときは合掌して首を少し左に傾ける。警策を受けたら、合掌したまま頭を下げ、再び法界定印《ほっかいじょういん》を結んで坐禅を続ける。心が乱れたときなど、自分から志願して警策を受けることもある。

警策（曹洞宗）

○経行《きんひん》

坐禅が長時間行われる場合、足のしびれや身体の硬さをほぐすため、経行（静かに歩行すること）を行う。坐禅中に鐘が二回鳴ったら経行の合図。合掌して頭を下げ、身体を左右に揺すり、静かに足をほどいて立ち上がる。

坐っていた場所に合掌し、頭を下げる（隣位問訊《りんいもんじん》）。次に、右回りして向かいの人に合掌して頭を下げる（対坐問訊《たいざもんじん》）。次に、叉手《しゃしゅ》の姿勢をとり、右足から踏み出して歩き始める。姿勢を正し、列を乱さないように等間隔で歩く。一呼吸に半歩前進し、息を吸って吐き出す間に、足の長さの半分だけ歩を進め、しばらく堂内を右回りする。

鐘が一回鳴ったら、直ちに両足を揃えて止まり、叉手のまま頭を下げ、右足から普通の速さで進行方向に進む。そして自分の坐っていた場所に戻り、隣位問訊、対坐問訊して再び坐禅をする。

○終了

鐘が一回鳴ると、坐禅は終了。合掌し、頭を下げてから、両方の手のひらを上にして膝に置き、左右に身体を動かす。身体をほぐしたら、右回りをして向きを変える。足をとき、ゆっくりと静かに立ち上がる。坐蒲《ざふ》をもとの位置に戻し、自分の坐っていた場所に向かって合掌し、頭を下げる（隣位問訊《りんいもんじん》）。右回りして向かいの人に合掌（対坐問訊《たいざもんじん》）し、叉手《しゃしゅ》の姿勢で退堂する。

補足説明：坐蒲は、脊椎骨を真下から支える役目をする。正しい姿勢を保つため、両方の膝と尾骶骨を結んだ線が二等辺三角形になるように坐る。その頂点に臍と鼻が同列につながり、腰骨と背骨と首の骨が垂直に立っていることが肝要である。したがって、坐蒲は正しい姿勢を保つために必要なものである。

一般家庭では、坐蒲の代わりに普通の座布団を二つ折りにして坐るとよい。

以上坐禅の仕方について極簡単に説明してきたが、調身、調息、調心が要である。正しい坐り方をして、正しい呼吸の仕方をしていれば、自ずと調心に到るはずである。なお、曹洞禅であろうと、臨済宗の公案禅であろうと、真の悟道に到るためには、正師の指導が絶対不可欠である。

◎坐禅の効用

かつて日本の精神科医である元東大の笠松章教授と平井富雄教授が禅僧の脳波測定を通じて脳波の面から坐禅の効用等の研究をされていた。

以下、この分野の専門家が研究してきた「坐禅と健康効果」についての科学的（医学的）研究成果を紹介することにする。

心の健康が、体の健康にいかに重大な影響を及ぼすものであるかは、坐禅による身体的な効果によって、より一層明らかにされている。

人がものを感じ、考え、行動するときはすべての脳を通じて行う。人間の脳は分析力や計算機能をつかさどる左脳と、喜怒哀楽といった情緒面をつかさどる右脳とに分かれている。両方の脳は脳梁《のうりょう》を通してお互いに情報交換をしながら、人間の思考と行動とを上手くコントロールしている。

坐禅を行うことによって右脳が活性化されていくことは事実である。しかし、この世で偉大な業績を残した人達の多くは左右の脳を効果的に使っていたといわれている。例えば、国語は得意でも数学はまるで駄目という学生がいる。これなど、右脳ばかりを使っているうちにそれが習慣化して、左脳があまり使われていないという証左である。坐禅はこのような左右の脳の不均衡を意識的に正していくという訓練にもなる。このことによって、人間の持つ潜在能力を引き出してくれるのが坐禅の驚くべき効果である。

眠っている状態ではないのに、眠るよりももっと心が安定する。このような場合、脳波はどんな波形を作り出すのであろうか。もともと脳波の測定は病気の診断に用いられるものであるが、坐禅中の脳波を調べてみると、医学的な定説が覆されるような、興味ある報告がなされている。

アルファ波は睡眠中など目を閉じているときに自然に現れる安静型波形である。ここで、目を開けて行う坐禅は脳が活動中のベーター波が記録されるはずであるのに、アルファ波がきれいな波形で現れてくるのである。更に坐禅を続けているうちに、深くリラックスした状態のシータ波が現れてくることもある。坐禅は目を開けていながら、外部からの緊張とは隔絶された精神状況を作り出すことができるからである。

①アルファ波（α）

目を閉じて落ち着いた状態のときに現れる安静型脳波。

②ベータ波（β）

日常生活の中で脳が活動しているときに現れる活動型脳波。

③ガンマー波（γ）
精神的に非常に興奮したときに現れる緊張型脳波。
④シータ波（θ）
軽くうとうととしたときに、催眠状態などで現れる脳波。
⑤デルタ波（δ）
非常に深い睡眠のときに現れる脳波。

坐禅の効用としては、潜在能力の開発の他にも、精神面では、学生の集中力理解力が増した、仕事のミスが減り、能率が上がった、肉体的には、胃腸の働きがよくなり、便秘が治った、発想の転換ができ、うつ状態が改善されたなど、多くの例が報告されている。ストレスが重なると脳から分泌されるアドレナリンの量が多くなる。同時にアドレナリンの分泌は、コルチゾールホルモンと呼ばれる副腎皮質ホルモンの分泌をも促し、最終的には脳細胞の破壊にも繋がるのである。坐禅による瞑想は、ストレス解消とともに、コルチゾールホルモンの抑制にも効果があるといわれている。このように坐禅は精神的、肉体的にも多くの効用をもたらしてくれている。

○坐禅の具体的効果

・心臓の負担が減少

坐禅を始めると次第に脈拍数が少なくなっていく。坐禅をすることによって、心臓にとって最も必要である休息を与え、その負担が減少していき、心の安定をもたらすからである。禅僧の中には脈拍数が十パーセントも減る人がいる。禅僧に心臓疾患者が少ないというのもうなずける。坐禅は心臓病に対しても優れた治療法であるといえる。

・血圧正常化とコレステロール値低下

坐禅によって血圧が正常化することも分かっている。今日成人男女の三人に一人が高血圧といわれるのは、心の安定や自律神経の失調と無関係ではない。また食べ物とは関係なく、ストレスによってコレステロールが増加することもある。例えば、仕事中、一番多忙な時期には、平素のコレステロール値に較べ、実に三倍も高くなった人が現れたという信じられないような報告もある。

・高校生の実験

高校生に坐禅を取り入れ、坐禅を組む学生と組まない学生との比較を一年間にわたり調査研究をしてみた。その結果、坐禅を組んだ学生は、組まなかった学生より約七パーセントの知能の向上が見られたという実験結果もある。そればかりでなく、想像力や理解力、順応力も向上していることも判明した。

・社会人の実験

社会人に関しては、坐禅をする人は、しない人よりも自分の仕事に対する満足度が高くなっていることが分かった。そして興味あることには、その後の自己評価について調査したところ、一般の従業員に対して、その会社の上司の満足度が、およそ倍くらい高くなっているという結果が出ている。

・乳酸濃度の減少

ストレスや過労などにより血液中の乳酸濃度が増加すると、筋肉がこわばり、血圧も上昇し、時には不安発作を起こすこともある。坐禅により得られる心の安定により、自律神経のうちの交感神経が休息し、副交感神経が活発に働き始める。その結果、血流がよくなり、血液中の乳酸濃度が大幅に減少する。またその状態は坐禅終了後もかなり長時間持続することが分かっている。

更にまた最近では日本の脳生理学者で元東邦大学医学部有田秀穂教授は、セロトニンが心身の快感をもたらす脳内物質であり、そしてそれは坐禅をした場合に分泌が促進され心身ともに爽快感が醸成される。坐禅は身心の健康に極めて効果があると主張されている。

以上のとおり坐禅は身心ともに健康に素晴らしい効果があるが、その効果を目的として坐禅する人もいるだろう。しかし坐禅は、何も効果を求めずに唯ひたすらに坐るのが本来の姿である。健康効果等は、只管《しかん》打坐《たざ》の結果として後からついてくる副次的な効用と考えるべきである。そうでなければ仏になりきるための次元の高い只管打坐とはいえないからである。

二　禅宗（曹洞宗）の経典

曹洞宗で日常用いられている経典は、例えば次のように区分することもできる。

①般若経系…『摩訶《まか》般若《はんにゃ》波羅蜜多《はらみった》心経《しんぎょう》』（般若心経《はんにゃしんぎょう》）＊『金剛般若波羅蜜経《こんごうはんにゃはらみつぎょう》』（金剛経《こんごうぎょう》）

②法華経系…『妙法蓮華経《みょうほうれんげきょう》観世音菩薩普門品《かんぜおんぼさつふもんぼん》』（観音経《かんのんぎょう》）・『妙法蓮華経《みょうほうれんげきょう》如来寿量品《にょらいじゅりょうほん》』（寿量品《じゅりょうぼん》）＊『妙法蓮華経《みょうほうれんげきょう》如来神力品《にょらいじんりきほん》』

③仏陀直説経…『仏垂般涅槃略説教誡経《ぶっしはつねはんりゃくせつきょうかいきょう》』（遺経《ゆいきょう》又は仏遺教経《ぶつゆいきょうぎょう》）

④その他の大乗経典…『舎利来文《しゃりらいもん》』・『十句観音経《じっくかんのんぎょう》』

⑤陀羅尼系…『大悲心陀羅尼《だいひしんだらに》』（大悲呪《だいひしゅう》）・『消災妙吉祥陀羅尼《しょうさいみょうきちじょうだらに》』（消災呪《しょうさいしゅう》）・『甘露門《かんろもん》』

⑥祖師の語録等…『参同契《さんどうかい》』・『宝鏡三昧《ほうきょうざんまい》』・『普勧坐禅儀《ふかんざぜんぎ》』・『修証義《しゅしょうぎ》』

⑦その他の偈文等…『開経偈《かいきょうげ》』・『懺悔文《さんげもん》』・『三帰礼文《さんきらいもん》』・『三帰依文《さんきえもん》』（三帰戒文《さんきかいもん》）・『三尊礼《さんぞんらい》文《もん》』・『四弘誓願文《しぐせいがんもん》』・『十仏名《じゅうぶつみょう》』・『如来十号《にょらいじゅうごう》』・『本尊上供回向文《ほんぞんじょうぐえこうもん》』・『普回向《ふえこう》』・『在家略回向《ざいけりゃくえこう》』・『略三宝《りゃくさんぼう》』・『搭袈裟之偈《たっけさのげ》』・『入浴之偈《にゅうよくのげ》』・『報恩偈《ほうおんげ》』・『剃髪之偈《ていはつのげ》』・『施財之偈《せざいのげ》』・『五観之偈《ごかんのげ》』等

＊最近はあまり唱えられない。

前記の経典の中で、禅なかんずく坐禅と密接不可分の経典として、まず『摩訶般若波羅蜜多心経《まかはんにゃはらみったしんぎょう》』と『普勧坐禅儀《ふかんざぜんぎ》』を挙げることができる。すなわち仏の教え、禅の本質等に関わる経典が『摩訶般若波羅蜜多心経』であり、また坐禅の伝統、方法、意義、心得等をまとめたのが『普勧坐禅儀』である。したがって、以下この二つの経典に限定して説明する。

(一)『摩訶般若波羅蜜多心経』

坐禅会において坐禅の際に『摩訶般若波羅蜜多心経』が読誦《どくじゅ》されている。この経典には、禅が目指す境地が「空」という言葉で語られている。この「空」を見極めたときの境地こそ、禅が目指す境地といえる。したがって、古来より特に禅宗では坐禅時、この経典が読み継がれている。

◎原文（読誦経文）

摩訶般若波羅蜜多心　経《まかはんにゃはらみったしんぎょう》
観自在菩薩《かんじーざいぼーさー》。行深般若波羅蜜多時《ぎょうじんはんにゃーはーらーみーたーじー》。照見五蘊皆空《しょうけんごーうんかいくう》。度一切苦厄《どーいっさいくーやく》。舎利子《しゃーりーしー》。色不異空《しきふーいーくう》。

空不異色《くうふーいーしき》。色即是空《しきそくぜーくう》。空即是色《くうそくぜーしき》。受想行識《じゅーそうぎょうしき》。亦復如是《やくぶーにょーぜー》。舎利子《しゃーりーしー》。是諸法空相《ぜーしょーほうくうそう》。不正不滅《ふーしょうふーめつ》。不垢不浄《ふーくーふーじょう》。不増不減《ふーぞうふーげん》。是故空中《ぜーこーくうちゅう》。無色無受想《むーしきむーじゅーそう》行識《ぎょうしき》。無眼耳鼻舌身意《むーげんにーびーぜつしんにー》。無色声香味触法《むーしきしょうこうみーそくほう》。無《むー》眼界乃至無意識界《げんかいないしーむーいーしきかい》。無無明亦無無明尽《むーむーみょうやくむーむーみょうじん》。乃至《ないしー》無老死《むーろうしー》。亦無老死尽《やくむーろうしーじん》。無苦集滅道《むーくーしゅうめつどう》。無智亦無《むーちーやくむー》得《とく》。以無所得故《いーむーしょーとくこー》。菩提薩埵《ぼーだいさったー》。依般若波羅蜜多《えーはんにゃーはーらーみーたー》故《こー》。心無罣礙《しんむーけーげー》。無罣礙故《むーけーげーこー》。無有恐怖《むーうーくーふー》。遠離一切《おんりーいっさい》顛倒夢想《てんどうむーそう》。究竟涅槃《くーぎょうねーはん》。三世諸仏《さんぜーしょーぶつ》。依般若波《えーはんにゃーはー》羅蜜多故《らーみーたーこー》。得阿耨多羅三藐三菩提《とくあーのくたーらーさんみゃくさんぼーだい》。故知般若《こーちーはんにゃー》波羅蜜多《はーらーみーたー》。是大神呪是大明呪《ぜーだいじんしゅーぜーだいみょうしゅー》。是無上呪《ぜーむーじょうしゅー》。是無等等呪《ぜーむーとうどうしゅー》。能除一切苦《のうじょーいっさいくー》。真実不虚《しんじつふーこー》。故説般《こーせつはん》若波羅蜜多呪《にゃーはーらーみーたーしゅー》。即説呪曰《そくせつしゅーわっ》。羯諦《ぎゃーてー》。羯諦《ぎゃーてー》。波羅《はーらー》羯諦《ぎゃーてー》。波羅僧羯諦《はらそうぎゃーてー》。菩提薩婆訶《ぼーじーそわかー》。般若心経《はんにゃーしんぎょう》。

本額は、著者が四国八十八か所を巡礼し、最後に結願《けちがん》として高野山奥乃院に納経した『摩訶般若波羅蜜多心経』の写しである

◎意訳

自由にありのままの世界を見ることができる菩薩（観自在菩薩）が、その深い智慧を用いたとき、人間の心と身体は空なるものであると達観して、一切の苦悩や災厄から救われた。

仏の弟子よ、肉体は空なるものであり、空なるものが肉体である。感覚、知覚、慮知《りょち》・認識作用などの心の働きもみなその通りである。

仏の弟子よ、諸々の存在は空なるものであり、生じたり滅したりするように見えても、生じも滅しもせず、本来汚くもなければ清らかでもなく、増えたり減ったり見えても、増えも減りもしない。

だから空なる世界では、確かな肉体もなく、確かな感覚・知覚作用もなく、その対象である確かな客観的世界もなく、それを認識・意識する確かな主観もない。本来、迷いもなければ、迷いがなくなることもないし、老・死の苦しみもなければ、老・死の苦しみがなくなることもない。苦（苦という結果）も集（苦の原因）も滅（苦からの解放）も道（そのための方法）もなく、知るということも得るということもない。本来得らるべき何ものものないからである。

菩薩は、このような智慧によって、心にこだわりがなく、心にこだわりがないから、恐れるものがなく、一切の迷いから離れて、静寂な境涯を究めることができる。過去・現在・未来の諸仏も、このような智慧によって、釈尊と等しく同等な無上の悟りを開かれたのである。

だからこの偉大なる英智こそ、最も神秘的な呪文であり、最も光輝ある呪文であり、地上最高の呪文であり、他に比類なき呪文である。

この呪文が世の一切の苦難を排除することは、まさしく真実であって、一転の虚妄もない。ではその偉大なる英智の呪文を示そう。

「ぎゃーてー、ぎゃーてー、はーらーぎゃーてー、はらそうぎゃーてー、ぼーじーそわかー（音訳）」

（往けるものよ、往けるものよ、彼岸に往けるものよ、悟りよ、幸あれ）

これが、智慧を説いた肝心要の教えである。

（二）『普勧坐禅儀《ふかんざぜんぎ》』

『普勧坐禅儀』は、道元禅師が宋から帰朝した直後の嘉禄三（一二二七）年に撰述された。正伝の坐禅・仏法を宣揚する開宗の宣言の書である。文章は漢文で、格調高い「四六駢儷《しろくべんれい》体《たい》」といわれる対句《ついく》形式の詩のかたちをとっている。

読むのは坐禅のときで、多くは夜坐《やざ》において、全員で低声に読誦《どくじゅ》する。全部読むと長いので、本論の中間の「非思量《ひしりょう》。此《こ》れ乃《すなわ》ち坐禅《ざぜん》の要術《ようじゅつ》なり」（71頁参照のこと）までを前半として、それ以後を後半として、一日おきに交互に読誦するのが慣例である。

◎原文（読誦経文）

原《たず》ぬるに夫《そ》れ、道本円通《どうもとえんずう》、争《いかで》か修証《しゅしょう》を仮《か》らん、宗乗自在《しゅうじょうじざい》、何《なん》ぞ功夫《くふう》を費《ついや》さん。況《いわ》んや、全体迥《ぜんたいはる》かに塵埃《じんない》を出《い》ず、孰《たれ》か払拭《はっしき》の手段《しゅだん》を信《しん》ぜん。大都《おおよそ》、当処《とうじょ》を離《はな》れず、豈修行《あにしゅぎょう》の脚頭《きゃくとう》を用《もち》うる者《もの》ならんや。然《しか》れども、毫釐《ごうり》も差《さ》あれば、天地《てんち》懸《はるか》に隔《へだ》たり、違順《いじゅん》纔《わず》かに起《おこ》れば、紛然《ふんねん》として心《しん》を失《しっ》す。直饒《たとい》、会《え》に誇《ほこ》り、悟《ご》に豊《ゆた》かにして、瞥地《べっち》の智通《ちつう》を獲《え》、道《どう》を得《え》、心《しん》を明《あきら》めて、衝天《しょうてん》の志気《しいき》を挙《こ》し、入頭《にっとう》の辺量《へんりょう》に逍遥《しょうよう》すと雖《いえど》も、幾《ほと》ど出身《しゅっしん》の活路《かつろ》を虧闕《きけつ》す。矧《いわ》んや、彼《か》の祇園《ぎおん》の生知《しょうち》たる、端坐六年《たんざろくねん》の蹤跡《しょうせき》見《み》つべし、少林《しょうりん》の心印《しんいん》を伝《つた》うる、面壁九歳《めんぺきくさい》の声《しょう》名《みょう》尚聞《なおき》こゆ。古聖既《こしょうすで》に然《しか》り、今人盍《こんじんなん》ぞ弁《べん》ぜざる。所以《ゆえ》に須《すべか》らく言《こと》を尋《たず》ね語《ご》を逐《お》うの解《げ》行《ぎょう》を休《きゅう》すべし。須《すべか》らく回光辺照《えこうへんしょう》の退歩《たいほ》を学《がく》すべし。身心自然《しんじんじねん》に脱落《だつらく》して、本来《ほんらい》の面目現前《めんもくげんぜん》せん。恁麼《いんも》の事《じ》を得《え》んと欲《ほっ》せば、急《きゅう》に恁麼《いんも》の事《じ》を務《つと》めよ。

夫《そ》れ参禅《さんぜん》は静室宜《じょうしつよろ》しく、飲食節《おんじきせつ》あり。諸縁《しょえん》を放捨《ほうしゃ》し、万事《ばんじ》を休息《きゅうそく》して、善悪《ぜんあく》を思《おも》わず、是非《ぜひ》を管《かん》すること莫《なか》れ。心意識《しんいしき》の運転《うんてん》を停《や》め、念想観《ねんそうかん》の測量《しきりょう》を止《や》めて、作仏《さぶつ》を図《はか》ること莫《なか》れ、豈坐臥《あにざが》に拘《かかわ》らんや。尋常《よのつね》、坐処《ざしょ》には厚《あつ》く坐物《ざもつ》を敷《し》き、上《うえ》に蒲団《ふとん》を用《もち》う。或《あるい》は結跏趺坐《けっかふざ》、或《あるい》は半跏趺坐《はんかふざ》。謂《いわ》く、結跏趺坐《けっかふざ》は、先《ま》ず右《みぎ》の足《あし》を以《もっ》て左《ひだり》の腿《もも》の上《うえ》に安《あん》じ、左《ひだり》の足《あし》を右《みぎ》の腿《もも》の上《うえ》に安《あん》ず。半跏趺坐《はんかふざ》は、但《た》だ左《ひだり》の足《あし》を以《もっ》て右《みぎ》の腿《もも》を圧《お》すなり。寛《ゆる》く衣帯《えたい》を繋《か》けて、斉整《せいせい》ならしむべし。次《つぎ》に右《みぎ》の手《て》を左《ひだり》の足《あし》の上《うえ》に安《あん》じ、左《ひだり》の掌《たなごころ》を右《みぎ》の掌《たなごころ》の上《うえ》に安《あん》じ、両《りょう》の大拇《だいぼ》指《し》、面《むか》いて相拄《あいさそ》う。乃《すなわ》ち正身端坐《しょうしんたんざ》して、左《ひだり》に側《そばだ》ち右《みぎ》に傾《かたむ》き、前《まえ》に躬《くぐま》り後《しりえ》に仰《あお》ぐことを得《え》ざれ。耳《みみ》と肩《かた》と対《たい》し、鼻《はな》と臍《ほぞ》と対《たい》せしめんことを要《よう》す。舌上《したうえ》の腭《あぎと》に掛《か》けて、唇歯相著《しんしあいつ》け、目《め》は須《すべか》らく常《つね》に開《ひら》くべし。鼻息微《びそくかす》かに通《つう》じ、身相既《しんそうすで》に調《ととの》えて、欠気一息《かんきいっそく》し、左右揺振《さゆうようしん》して、兀兀《ごつごつ》として坐定《ざじょう》して、箇《こ》の不思量底《ふしりょうてい》を思量《しりょう》せよ。不思量底《ふしりょうてい》如何《いかん》が思量《しりょう》せん。非思量《ひしりょう》。此《こ》れ乃《すなわ》ち坐禅《ざぜん》の要術《ようじゅつ》なり。

（以上前半）

（以下後半）

所謂《いわゆる》坐禅《ざぜん》は習禅《しゅうぜん》には非《あら》ず。唯是《ただこ》れ安楽《あんらく》の法門《ほうもん》なり、菩提《ぼだい》を究尽《ぐうじん》するの修証《しゅしょう》なり。公案現《こうあんげん》成《じょう》、羅籠《らろう》未《いま》だ到《いた》らず。若《も》し此《こ》の意《い》を得《え》ば、竜《りゅう》の水《みず》を得《う》るが如《ごと》く、虎《とら》の山《やま》に靠《よ》るに似《に》たり。当《まさ》に知《しる》るべし、正法《しょうほう》自《おのずか》ら現前《げんぜん》し、昏散《こんさん》先《ま》ず撲落《ぼくらく》することを。若《も》し坐《ざ》より起《た》たば、徐徐《じょじょ》として身《み》を動《うご》かし、安詳《あんしょう》として起《た》つべし、卒暴《そつぼう》なるべからず。嘗《かつ》て観《み》る、超凡越聖《ちょうぼんおっしょう》、坐脱《ざだつ》立亡《りゅうぼう》も、此《こ》の力《ちから》に一任《いちにん》することを。況《いわ》んや復《また》、指竿針鎚《しかんしんつい》を拈《ねん》ずるの転機《てんき》、払拳棒喝《ほっけんぼうかつ》を挙《こ》するの証契《しょうかい》も、未《いま》だ是《こ》れ思量分別《しりょうぶんべつ》の能《よ》く解《げ》する所《ところ》に非《あら》ず、豈神通修証《あにじんずうしゅしょう》の能《よ》く知《し》る所《ところ》とせんや。声色《しょうしき》の外《ほか》の威儀《いいぎ》たるべし。那《なん》ぞ知見《ちけん》の前《さき》の軌則《きそく》に非《あら》ざる者《もの》ならんや。

然《しか》れば即《すなわ》ち、上智下愚《じょうちかぐ》を論《ろん》ぜず、利人鈍者《りじんどんしゃ》を簡《えら》ぶこと莫《なか》れ。専一《せんいつ》に功夫《くふう》せば、正《まさ》に是《こ》れ弁道《べんどう》なり。修証《しゅしょう》自《おのずか》ら染汚《ぜんな》せず、趣向更《しゅこうさら》に是《こ》れ平等《びょうじょう》なる者《もの》なり。凡《およ》そ夫《そ》れ、自界他方《じかいたほう》、西《さい》天東地《てんとうち》、等《ひと》しく仏印《ぶっちん》を持《じ》し、一《もっぱ》ら宗風《しゅうふう》を擅《ほしいまま》にす。唯打坐《ただたざ》を務《つと》めて、兀地《ごっち》に礙《さ》えらる。万《まん》別千差《べっせんしゃ》と謂《い》うと雖《いえど》も、祇管《しかん》に参禅弁道《さんぜんべんどう》すべし。何《なん》ぞ自家《じけ》の坐牀《ざじょう》を抛却《ぼうきゃく》して、謾《みだ》りに他国《たこく》の塵境《じんきょう》に去来《きょらい》せん。若《も》し一歩《いっぽ》を錯《あやま》れば、当面《とうめん》に蹉過《しゃか》す。既《すで》に人身《にんしん》の機要《きよう》を得《え》たり、虚《むなし》く光陰《こういん》を渡《わた》ること莫《なか》れ。仏道《ぶつどう》の要機《ようき》を保任《ほにん》す、誰《たれ》か浪《みだ》りに石火《せっか》を楽《たのし》まん。加以《しかのみならず》、形質《ぎょうしつ》は草露《そうろ》の如《ごと》く、運命《うんめい》は電光《でんこう》に似《に》たり。倏忽《しゅくこつ》として便《すなわ》ち空《くう》じ、須臾《しゅゆ》に即《すなわ》ち失《しっ》す。冀《こいねがわ》くは其《そ》れ参学《さんがく》の高流《こうる》、久《ひさ》しく模象《もぞう》に習《なら》って、真竜《しんりゅう》を怪《あや》しむこと勿《なか》れ。直指端的《じきしたんてき》の道《どう》に精進《しょうじん》し、絶学無為《ぜつがくむい》の人《ひと》を尊貴《そんき》し、仏仏《ぶつぶつ》の菩提《ぼだい》に合沓《がっとう》し、祖祖《そそ》の三昧《ざんまい》を嫡嗣《てきし》せよ。久《ひさ》しく恁麼《いんも》なることを為《な》さば、須《すべか》らく是れ恁麼《いんも》なるべし。宝蔵《ほうぞう》自《おのずか》ら開《ひら》けて受用如意《じゅようにょい》ならん。

◎意訳

（序文）

根源を求めると、仏の教えは、本来、ありとあらゆるところに行き渡っているから、ことさらに修行や悟りなど必要がない。仏の教えは、自在に現れているのであるから、修行して求める必要もない。言うまでもなく、仏法の全体は、元来、迷いという埃《ほこり》などかぶっていないから、それを拭う必要もない。仏法の究極は、今、目前にあるのだから修行に齷《あく》齪《せく》する必要もない。

しかしながら、その取りかかりを、初めにほんのわずかでも取り違えると、先々天地ほどの隔たりを生ずるし、道筋を僅かでも間違えてしまうと、心が乱れて真実の心の働きを見失うことになる。

そのような場合は、たとえ仏法を究め、天を衝《つ》く気概を得たように思っても、それはほんのわずかな智慧を得ただけのことであり、そのようなものは、仏道の入り口をうろつくだけで殆ど悟りに徹底する働きを欠いて真実の悟りの境涯とは程遠いものである。

ましてや、祇園精舎で説法された釈尊は、生まれながらの智慧を持ちながら、なお端坐六年苦行坐禅された。その足跡は今日なお見ることができるではないか。また、少林寺の達磨大師は、面壁九年の禅の心に徹したその誉は今日まだ世間に聞こえているではないか。釈尊や達磨大師のような聖人ですら、既にそのように坐禅された。遠孫《おんそん》の我等、そのように坐禅しないわけにはいかないではないか。

それ故に、言葉で探索し、知的理解による仏道修行をやめるべきである。内なる根本的な心の働きに光を当て、そこを見つめるべきである。そのようにするとき、自ずから身心のとらわれが取り払われ、人間本来の姿が仏の働きとして現れるのである。すなわち、そのような境地を得ようと思うならば、すぐにその現れである坐禅に励むがよい。

（本論）

そもそも、坐禅は静かな部屋が良く、飲食は節度を保つことである。ありとあらゆるかかわりを捨てて、すべてのとらわれをやめて、善悪や是非などの妄想を起こさないようにする。心に起こるありとあらゆる働きを停止し、心に湧きあがるありとあらゆる思いや、何を考えているかさえも心の中に置かないようにする。そして、仏になろうなどと思ってはならない。このことは、坐禅しているときや寝ているとき、日常のあらゆるところでも思ってはならない。

通常、坐禅する所には、厚く敷物を敷き、その上に坐蒲《ざふ》を用いる。坐禅の方法には、結《けっ》跏趺坐《かふざ》と半跏趺坐《はんかふざ》がある。結跏趺坐は、まず右足を左の腿《もも》の上に置き、左の足を右の腿の上にのせる。半跏趺坐は、ただ左の足を右の腿の上にのせる。着る物は緩くゆったりとしながらもきちんと整える。

次に、右手を上向きにして腿の上に組んだ左足の上に乗せ、左の手を上向けにして右の手のひらの上に乗せて、両手の親指の先がかすかについて互いに水平に支えあうようにする（法界定印《ほっかいじょういん》という）。

そして、そのまま、きちんと身を正して坐り、左に傾いたり右に傾いたり、前屈《まえかが》みになったり後ろに反り返ってはならない。必ず、両肩と両耳を水平とし、鼻と臍《へそ》とを垂直にする。舌は、上の歯の後ろに付け、舌と歯が離れないようにし、目は常に開く。呼吸は、鼻から静かにし、身体が調ったならば、大きく一度息を吐きだす。左右に身体を倒して腰を伸ばし（左右揺振《さゆうようしん》）、岩山のように堂々と坐り、意識分別以前の寂静の境地に安住させる。そのように不動な岩のように坐禅し、言葉を以て成り立つ世界を超脱し、非言語の世界に没入する。これこそが、坐禅の肝心なところである。

（以上前半）

（以下後半）

坐禅は、坐禅を悟りに至る手段とするような習禅の坐禅ではない。ただ、この坐禅そのものが、すべての苦悩を超絶した安楽の法門なのである。それは真実を究め尽くした修行と悟りの姿であり、そこには、絶対の境地が現れ、価値判断の縛りなどもない。もし、この真実の意義が把握されれば、龍が水を得たように、虎が山に依るように、人が人としての本来の姿になり、そこに、正しい仏法が自ずと現れ、心の明暗を超えることになる。

坐禅が終わり、坐より立つ場合は、緩やかに静かに身体を動かし、安らかにゆったりと身を起こし、荒々しく立ってはならない。

昔よく観察してみると、祖師方が、凡や聖のあらゆる相対区分の世界を超えたり、坐禅したまま、あるいは立ったまま亡くなったということがあるが、それはこの坐禅の力による。そればかりでなく、指を立て、竿《さお》を倒し、針を使い、鎚《つち》をおろして、仏道を学ぶ人々に悟りへの転機を与えたり、払子《ほっす》を振り、拳を挙げ、棒で打ち、喝といって、悟りに導くのも、坐禅の力なのである。それはまた、考えたり判断したりすることで掴みきれるものではない。神通などという摩訶不思議で神秘的な力や修行と悟りなどという言葉をもってしても説明し得ない。眼に見え、耳に聞こえるという感覚的な知覚に訴える以外のものでもある。それは、理知とか感覚とかいう以前のものであるからなのである。

それであるから、仏道の世界では、理解力が優れているとかいないとかは問題ではなく、頭が良いとか悪いとかにも一切関係がない。専一に坐禅する、その姿こそが仏道の本来の姿であるからである。この只管打坐《しかんたざ》の姿こそは、修行とか悟りとかにとらわれる修行なのではなく、その姿こそが本来の在り方であるから、当たり前のことを行うだけなのである。

思うに、自分の住んでいる世界、他の世界、また西のインド、東の中国であれ、どこにおいても等しく仏の教えを保ち、その坐禅の宗風を宣揚しないところはないのである。それ故、ただ打坐に努めて坐禅三昧の境に安住せねばならない。人の気根は千差万別ではあるが、ただひたすらに坐禅弁道すべきである。坐禅をする状態こそが、自分の本来の姿であるのに、その場を投げ捨てて、なぜそれ以外の泥まみれの苦悩の境遇に身を任せるのか。仮に、一歩間違えば、たちまちに大事な瞬間を見失ってしまうことはいくらでもある。

幸いにして、我々はすでに受け難い人間としての命を受けてこの世に存在しているのであるから、虚しく時間を過ごしてはならない。仏の命を我が身に受けている以上、瞬間的な花火のような楽しみに身を委ねてはならない。

なぜなら、人間の身体は露のようにはかなく、人間の一生は一瞬の稲妻のようなものであり、たちまちのうちに空しくなり、ほんのわずかな時間で失われるのである。願わくば、仏法を真剣に学びたいという高い志を持つ人々よ、彫刻された偽物の龍に慣れ親しんで、本物の龍が目の前に現れたときに、疑いの目を向けるように、仏教は言葉で理解するものと思い込んで、仏道の究極を具体的に現わしている坐禅を疑うことがあってはならない。坐禅そのものが仏道そのものであることを自覚しなさい。そして過去の祖師方が証明してきた悟りを我がものとし、正伝の坐禅を正しく受け継ぐ人にならなければならない。言葉では表現し得ない坐禅を行ずれば、自分自身が非言語の世界そのものとなり、仏法の宝の蔵がひとりでに開き、その宝物を使うこと思いのままとなるであろう。

（以上）

本項の最初に触れたとおり禅宗でも数多くのお経を読むが、他宗のように経典を信奉し解釈するのが禅宗の本旨ではない。禅宗はあくまで坐禅の実践を通じて、自己とはいったい何であるかと、生涯に渡って追及し続ける仏教の一派であることを強調しておきたい。別の表現をするならば、経典は「指月の指」にも例えられる。手に入れるべき真理は月であって、それを指す指ではない。しかし指がなければ月の所在が分からないのであるから、指である経典は決して無用ではないという考え方である。すなわち禅の真理を追究するために必要ではあるが、必ずしも不可欠ではないというのが禅宗の経典に対する考え方である。

最後に次を付言してこの項の結びとする。

拙僧は、毎朝約一時間の勤行《ごんぎょう》に勤しんでいる。僧侶以前に平凡な人間であるので毎日のコンディションは一律ではないし、傘寿の昨今ともなれば日常の生活も心身ともにままならないことが多い。しかし坐禅の姿勢で勤行に勤しんでいると時間の経過とともに気持ちが落ち着いてくる。そして終了近くになると心身ともに充実感が漲ってくるような気がする。これが読経三昧に入った証左であるならば、拙僧にとって誠に喜ばしい限りである。

三　雲水の禅的生活

若干余談になるが、本著執筆中の現在、曹洞宗管長並びに曹洞宗大本山永平寺第八十世貫首（不老閣猊下《ふろうかくげいか》）は、南澤道人《みなみさわどうにん》師（默室玄照禅師）である。

南澤貫首は、拙僧の出身校である長野県屋代高校の十六年上級の大先輩であり、また拙僧の出家得度の導師である元曹洞宗管長板橋興宗禅師様同様、旧海軍兵学校出身でもある。

曹洞宗大本山永平寺第八十世貫首南澤道人師（不老閣猊下）

広島県江田島の旧海軍兵学校の伝統をそのまま継承した海上自衛隊幹部候補生学校出身の小生にとって、このようなやんごとなき御両名の重複した様々な御縁をいただいたことに対し感謝の念に堪えない。

雲水の修行は、旧海軍の士官教育と相通じる面があるので、ここで敢えて触れたが、それでは本題に入ろう。

人間の日常の行為は、「行《ぎょう》（歩く）」「住《じゅう》（とどまる）」「坐《ざ》（座る、坐禅する）」「臥《が》（寝る）」という四威儀《しいぎ》に尽きるが、禅宗の専門僧堂ではこのすべての行為を禅の範疇《はんちゅう》で捉え、そして禅の知識を実践で体得するのである。

（一）雲水の日課（行持）

禅宗の中で伝統的に最も厳しいとされている曹洞宗大本山永平寺の雲水（修行僧）の一日の日課（行持）の流れを概観してみると次のとおりである。

永平寺は修行が目的の道場であるから、多くの雲水たちが朝の起床から夜の開枕《かいちん》（就寝）まで、厳しい規律と作法に則った修行に努めている。朝は四時から消灯の九時まで、朝昼晩三回の勤行《ごんぎょう》（読経）や延べ五時間近くの坐禅、主に掃除を行う作務《さむ》などの修行が続き、休息の時間はほとんどない。ただ、休みの日はあって四と九の付く日、つまり十日に二日、坐禅などが放免されるが、外出などは一切できない。

◎起床

永平寺の朝はまだ暗いうちから始まる。修行僧たちの起床時間は夏季は三時半、冬期は四時半である。振鈴《しんれい》を合図に起床して、寝具を手際よくまとめた後、洗面所へ向かう。洗面所で使える水は桶一杯だけである。その水で歯を磨き、頭から顔、耳の裏までを洗う。歯を磨き、顔などを洗いながら、南無阿弥陀仏などの偈文《げもん》と呼ばれる経文を唱えるという規律がある。お経浸けの修行の一日の始まりである。

◎暁天坐禅《きょうてんざぜん》

起床してから二十分ほどで暁天坐禅が始まる。文字通り明け方の坐禅である。坐禅をする時間は、線香一本が燃え尽きる時間とされる一炷《いっちゅう》の間で、約四十分間である。

暁天坐禅の間、永平寺の静寂な境内で大梵鐘《だいぼんしょう》が一分五十秒間隔で十八回鳴り響く。その間、修行僧たちはただただひたすらに坐禅に勤しむ。

◎朝課

暁天坐禅が終わると、朝の勤行《ごんぎょう》である朝課となる。修行僧たちは袈裟を身にまとい朝課が行われる法堂《はっとう》へ向かう。導師が侍者たちを引き連れ上殿して本尊の前へ進み、お香を供え三度の礼拝をして読経が始まる。

読経は仏の教えを一心に口に出して唱える修行で、礼拝は身心を仏に投げ出してすべてをお任せする修行である。新参の修行僧も、お勤めを重ねることで僧侶としての行儀作法などが身についてくる。

◎小食

七時から小食、朝の食事である。もちろん精進料理ということで、朝食はお粥とごま塩に漬物という質素な食事である。永平寺の修行僧の食事を分析したデータでは、カロリーや蛋白質は不足しているものの、コレステロールが殆どなく、理想的な食事であるとされている。入門したての修行僧は空腹に悩まされるが、三か月も経つと体が慣れて腹も減らなくなる。

◎作務《さむ》

作務というのは具体的には永平寺の堂内や境内の掃除などで、お寺の中を見た目にも環境的にも徹底的に掃き清める。禅門では古来から「一に掃除、二に看経《かんきん》」と言われ、掃除は身心内外の塵を払い清める修行とされて、読経よりも重視されてきた一面がある。

朝の作務《さむ》は八時半から十時まで、普段は静かな振る舞いを要求されている修行僧たちは、この時ばかりは凄まじい勢いで、渾身の力で階段や廊下の雑巾がけを行う。

◎日中《にっちゅう》諷経《ふぎん》

日中諷経は、昼の勤行《ごんぎょう》、お勤めのことである。朝の作務の後、十時からの坐禅に続いて十一時から十二時まで仏殿で行われる。

仏殿は、永平寺の七堂伽藍の中心で総欅造りの宋朝様式の建物である。檀の中央には永平寺本尊の釈迦牟尼仏が祀られ、右に未来弥勒仏、左に過去阿弥陀仏の三世如来が祀られている。床は石畳で、昔の修行僧は石畳に正座して読経していたが、今は畳が敷き詰められている。

◎中食《ちゅうじき》

中食（昼食）は十二時からである。基本は麦飯に味噌汁、漬物、おかず一品という質素な内容である。禅堂で坐禅を組み、応量器といわれる食器を広げ、浄人と呼ばれる人から給仕を受け食事を始める。

なお、中食には生飯《さば》という作法がある。食べる前に麦飯を七粒ほど取り、それを全員分集めて外に設置された生飯台に置き鳥獣や無縁仏に供養する。全部自分で食べないで、他の生物に施すという教えからの作法である。

◎作務

午後の作務は昼食の後、一時から二時の間に行う。階段や回廊の雑巾掛けだけでなく、永平寺の境内のなか、あらゆる所の環境整備、環境美化を行うのが使命であって禅修行の場につながっている。

堂内の掃除のほか、川を掃除する川作務、山の木の枝払いなどをする山作務、木の芽採りをする木の芽拝登作務、障子張替え作務、ガラス磨き作務、布団運び作務、草履作り作務など、季節によっても作務の作業内容は様々である。

◎晩課諷経《ばんかふぎん》

晩課諷経は、午後の作務と坐禅の後に十六時から行われる夕方の勤行で、日中諷経と同じく仏殿で行われる。修行僧の他、永平寺の僧侶数百人が一斉にお経を唱える様は圧巻である。

晩課諷経《ばんかふぎん》で唱える経典は日毎に決められていて、一と六の日には『妙法蓮華経安楽行品《みょうほうれんげきょうあんらくぎょうほん》』、二と七の日には『妙法蓮華経観世音菩薩普門品《みょうほうれんげきょうかんぜおんぼさつふもんぼん》』、三と八の日には念誦《ねんじゅ》などと決められている。

◎**薬石《やくせき》**
薬石は夕食のことであるが、昔は一食だけで温めた石を抱き飢えに耐えたという故事に由来し、本来は何も食べないという意味である。晩課諷経の後、十七時から始まり、麦飯と味噌汁、漬物におかずの二品というのが基本である。

◎**夜坐《やざ》**
夜坐は、十九時から始まる坐禅である。線香一本が燃え尽きる一炷《いっちゅう》の時間約四十分を二回、二時間弱の長い坐禅の時間である。

◎開枕《かいちん》

開枕は夜九時、消灯、就寝を意味する。昔の修行僧たちなどの枕が折りたたみ式だったことが由来の言葉である。永平寺では前述のとおり行住坐臥《ぎょうじゅうざが》、日常生活のすべてが禅修行とされていて、寝る時も様々な作法が細かく定められ大事な修行の一つとされている。眠りや体の横たえ方なども定められ、永平寺の修行僧は朝起きてから夜寝て、また起きるまでの間も、常に厳しい規律や作法のもとで過ごしていることになる。

以上が曹洞宗大本山永平寺の雲水の一日の日課の概略である。

(二) 雲水の食事

禅の修行生活において調理や食事をどのように捉えているか触れてみたい。禅においては「食事」は、ただ生命をつなぐための「食べる」という動物学的行為だけを意味するものではない。それは人生を生きていくということの奥深い精神的行為の一つとして捉えられ、調理などの具体的な一つ一つの作業に、その精神のあり方が修行として問われている。

以下道元禅師の著作である『典座教訓《てんぞきょうくん》』(作る心)と『赴粥飯法《ふしゅくはんぽう》』(食べる心)等の観点

から論述する。

◎『典座教訓《てんぞきょうくん》』(作る側)

精進料理とは、仏教の戒に基づき殺生や煩悩への刺激を避けることを主眼として調理された料理をいうが、その精進料理を作る禅宗寺院での役職を典座という。

一般社会においては、典座(炊事係)は「飯炊き」などと呼ばれ、新米の役回りとされたり、低く見られがちな職務である。しかし調理や食事も重要な修行とする禅宗では重要な役職とされ、日本曹洞宗の開祖道元禅師は著作『典座教訓』の冒頭で、典座には古来より修行経験が深く信認のある僧が任命されてきたことを述べている。また日本の現在の禅宗寺院においても、道元禅師が求法のため宋で留学修行した際に老典座との出会いから禅修行の本質に覚醒した故事に鑑み、典座は重要視される職務となっている。

なお、道元禅師が『典座教訓』に記した体験故事は、以下のようなものである(抜粋)。

(老典座の故事)

「道元が入宋時上陸許可を待って港の船の中にいた時、ある老僧が食材の買入をするため

に港にやってきた。船室に招いて茶を勧め、話を聞くと、

『私は、阿育王山《あいくおうざん》の典座です。故郷の蜀《しょく》を出て四十年、齢も六十を越えたが、これまで多くの叢林（禅道場）を回り歩いてきました。ところがこの度思いがけずに大事な典座の役目に任ぜられたのです。今は心も一新し典座の役を貴重な修行として励んでおります。これからまた五里（約二十キロメートル）ほど歩いて食事の準備のため寺まで帰らねばなりません』

『飯の用意など誰かがやるでしょう。何か差し上げますので、ゆっくりしていかれては』

『それは駄目です。外泊許可を貰っていないし、典座は老いた私の最高の修行です。それをどうして他人に譲ることなどできません』

『あなたはお年を重ねていらっしゃる。修行なら、なぜ坐禅弁道し、また古人の書物に書かれた文字などを見て研究することなく、煩わしい典座の職などに任ぜられて、ただひたすら作務《さむ》などに勤めておられるのですか。そのようなことをしていては、悟りを開くことが疎かになってしまいませんか』

道元にとっては、典座が修行であるとは思いもよらないことだった。しかしそれを聞いた老典座は大笑いして道元を諭した。

『外国の立派なお人、あなたは、いまだ弁道の何たるかを全く分かっておられないようだ』

道元は慌てふためき、恥ずかしさで顔を真っ赤にしたが、すぐに老典座《てんぞ》に対し謙虚な姿勢で問いただした。

『それではどういうものが弁道ですか』

『あなたが真剣に質問しているそのものが弁道というものです』

『私が老いの修行として、うどんを作り、椎茸《しいたけ》を買い供養するという行為そのものが、弁道というものですよ』

道元が、理解に苦しんでいる様子を見た老典座はにっこり微笑んで言った。

『もしまだ納得ができないようなら、いつか阿育王山《あいくおうざん》にお出かけください。さて、もう日が暮れる。急いで帰ることにしましょう』

老典座はそう言い終わると席を立った。

この時の道元は、修行とは坐禅に励み、古人の手本を参究するだけを意味するものであった。老典座の言葉は全く異次元の世界のものであり、道元には理解できなかった。

道元は満たされない気持ちを抑えながら、その年の七月、上陸して天童山の道場にとどまり、雲水として修行することにした」

（再会）

「雲水の修行の中だけで何か悟りを得ようと懸命な道元の下に、ある日、ひょっこりかの阿育王山の老典座が訪ねてきた。

『解夏了《かいげりょう》（九十日間の禁足の結制修行が終了すること）で典座の職を退いたので、四十年ぶりに故郷に帰ろうと思っていたところ、あなたがこの天童山で道を求めておられると聞き及びました。そこで、故郷に帰る前に是非ともあなたにお会いしたいと思って来た次第です』

道元は、躍り上がらんばかりに喜び、過日の感謝を述べ、この三か月ばかりで得たことを熱っぽく語った。そして、当然かの船での話、弁道などのことに話は移っていった。

『それでは、弁道とはどのようなものでしょうか』

老典座が曰く『真理、道というものは、古《いにしえ》より隠されていることはなく、どんな世界にも、宇宙全体にすべてそのまま現れています』

道元は、その瞬間、はっとしてすべてを悟った。その時目からうろこが落ちるような思いを味わうことができた。最初に老典座《てんぞ》と会ってからの三か月の間、何かが分かりかけているのだが、それをしっかりつかみ取ることができないもどかしさを常に感じていたのである。だが、今その霧のかかったような心が、一瞬にして晴れ渡ったような思いがした。

道元、時に二十三歳、それまでの典座の仕事は煩わしいだけのものであり、そんなことをしている時間があったら、坐禅をし、弁道し、古人の手本を深く参究することが修行のすべてだと思いこんでいた。しかし、老典座の言葉は、その囚われから解放してくれた。禅の心には、本来、雑務や本務という区別などない。煩わしい雑務と思っていた典座の仕事にひたすら勤めるその中にこそ、禅をする者の本務がある。道元は、老典座の老いの修行に、極めて優れた精進行を見たのである。

道元が古人の書物から悟りを得ることができると思い込み、書物の文字に囚われていたことは、むしろ悟りから遠ざかる方向に向かっていたともいえるのである。典座は悟りへの道とは関係ないと思っていた道元こそ、実は最も悟りに遠い状態であった。典座の仕事は、人間の最も基本的な日常性そのものである。

出家してから十一年、道元はようやく修行の何たるかを知ることができた。それは、形骸化していた日本の仏教の枠から抜け出すために必要な期間であったともいえる。形ばかりの修行にみなが囚われていた時代であったから、道元の修行に対する悟りは画期的であったといえよう。

はるばるやって来た宋の国は、道元に大きな智慧をもたらしてくれた。悟りとは遠く彼方にあるのではなく、日々の生活そのものの中にあるのだということを」

それからさらに十四年の歳月が流れ、道元は宋での典座との出会いの体験を昨日のことのように書き綴った。それが食事の調理の心得を典座に教示しようと書き表した『典座《てんぞ》教訓《きょうくん》』である。

『典座教訓』は、道元の著した『永平大清規《えいへいだいしんぎ》』という、永平寺の戒律や修行規範のための六編構成の書物の中の冒頭の第一編である。そのことからも、道元が食をいかに重視していたかが伺える。

この『典座教訓』は、道元の悟りへの手法ともいうべきものであり、生活の中に真実を求める方法を説いたものでもある。それはまさしく生きた仏法であり、今日現在においても決してその輝きは衰えていない。むしろ、現在の混迷する時代においてこそ、『典座教訓』の価値が発揮されるといえよう。

◎『赴粥飯法《ふしゅくはんぼう》』（食べる側）

典座《てんぞ》が調理し用意してくれた食事を、今度は食べる側の修行僧のためにその心得を示したのが、『赴粥飯法』である。「粥」とは朝飯、「飯」とは昼飯のことで、この朝昼の食事と、これに伴う儀礼などが、順を追って詳述されている。

この『赴粥飯法』は、先ず冒頭に食（食事作法）・法（仏法）の一体なることが提示され、その上で具体的な食事作法が示されている。

その内容は、朝食や昼食時に打ち鳴らされる食事の合図を聞いて、坐禅中の者や堂外で作務《さむ》をしていた者が、直ちにそれらを止めて僧堂（坐禅堂）に赴くが、その際の身の処し方に始まり、食事をする場所である僧堂の堂内への入り方、僧堂内の自分の席（単）への上がり方、食器の扱い方、僧堂の中央に安置される文殊菩薩への供養の仕方、食前の諷経《ふぎん》、給仕の仕方、食べ方、食後の食器の洗い方、食後の唱えごと、食後の退堂の仕方と、順序を追い、微に入り細に渡った詳細な記述となっており、禅林で食事をするということが、肉体を養うための単なる飲食とは異なることが明らかにされている。なお、その微細な立ち居振る舞い等についてはは割愛する。

前にも一寸触れたが、ここで「薬石《やくせき》」のいわれについて触れておく。昔、出家した者の食事は一日一度と決められていた。それは一般の人の社会生活と境界を異にする意味でもあったが、午前中に一度食事をした後は、一切食べ物を口にしなかった。その当時の一般の日常生活での食事は、一日に二度であり、三食制が始まったのは、今から二百年ほど前の江戸時代後半といわれている。しかも、その一日一食の時でさえ、「吾に座食の徳あらず、一日なさざれば、一日食わず」という戒律（修行生活の規範）があった。食習慣が大幅に変革された現代から見れば、真に凄まじいとしかいいようがない。

その後、早朝の粥が、もう一食加わって、修行僧の食事も一般人の食生活と同じ二食になった。しかし、日中の活動量と時間が長くなる季節には、夜になると腹がすく。若くて、激しい作務をした修行僧には、耐えられないほどの空腹である。そこで修行僧は、石を温めて腹に当て、身体の冷えるのを防ぎ、飢えをしのいだ。この石を「薬石」といい、薬石とはここから来ている。今日では、規律も緩和されて夕食が出されるようになったが今もってこの夕食のことを薬石と呼ぶ習慣になっている。

食事は、人間の生命を維持する働きによって、すべての人間の生活の土台となる。更に禅の修行者にとっては、調理、配膳、食べる作法などすべて禅の実践としても位置づけられている。また、食事は一般人にとっても生活の一部であるから、禅の修行者の食事に対する心構えは、そのまま日々の生活の中に生かすことができる。

そこで、禅院で昔から食事の前に必ず唱える「五観《ごかん》の偈《げ》」というお題目について触れておこう。五観の偈とは、食する者に対する五つの教訓である。


（五観の偈）

○一つには功の多少を計り彼の来処を量る。
功を計るとは、食事が自分の前に出されるまでに、どれほど多くの人々の手が加わっているかという、その苦労を推し量りなさいということであり、また彼の来処を量るとは、目の前の食べ物が天地の恵みによるものであることを自覚しなさいということである。

私たちは、あまりに食事が頻繁に行われるため、食事を支えている者に対し鈍感になっている。このような鈍感さは、人間の心を怠慢の極みに引きずり落とし、煩悩の赴くがままの生活に埋没させてしまう。

人間は仏性を備えているのであり、それを目覚めさせるには、日常の物事に対して常に感謝の念をもって接することが肝要である。

○二つには己が徳行の全欠を忖《はか》って供に応ず。

供とは食事のことであり、修行者の場合、自分の修行のあり方が食事をいただくに相応しいかどうか反省しなさいという意味である。

現代の人々は、食べ物を得るについてそれほど苦労をしなくても済むようになった。食べられることが当然であると、そんな風にしか思っていないようである。だが、食べ物はそれを得ることの苦労もさることながら、食べ物自体が尊い生命であることの意味をも忘れてはならない

物我一体の境地からいえば、人は、常に自分が、同じ生命体である食物を食べるに相応しい生き方をしているかどうかという反省が、自然に自分の中に湧いてくるものである。人間は命ある物を食することによって、自己の生命を維持している。その行為は、もちろん、罪深いということではないが、生命を食することに対して無感覚では、自分自身の生命に対しても無感覚だといわざるを得ないだろう。

食べ物が常に自己と同じ生命であるという意識を持ち、行いを反省するなら、それは、すなわち自己を高めていく原動力ともなるだろう。

○三つには心を防ぎ過《とが》を離るることは貪等《とんとう》を宗とす。

心の汚れや乱れを払拭し、貪瞋痴《とんじんち》の三毒を克服する修行をするためにこの食事をいただく。三毒とは、貪《むさぼ》り、怒り、無知であることをいうが、「二つには」と関連して反省の内容をいっている。

○四つには正に良薬を事とするは形枯《ぎょうこ》を療ぜんがためなり。

人間としての自己の生命を保ち修行を続けるために、この食事を自分の命の良薬として食べさせていただく。これは、人間としての修行に勤めるという決意を食事の前にしているのである。

○五つには成道のための故に今この食《じき》を受く。

悟りを開く（人格完成）ためにこの食事をいただく。

これも修行者としての決意である。

さて、この「五観《ごかん》の偈《げ》」は修行者に対しての言葉であるが、特に、一と二は、一般の人々も食事に対して心得なければならない事柄であろう。要は、食事を作るにしても食べるにしても、食べ物に対する感謝、命に対する感謝がなければならない。

これは生きるということのすべての基本であり、自己を大きく広くするために不可欠な要件でもある。

(三) 雲水の作務《さむ》

作務とは、禅宗寺院で僧が掃除などの労務を行うことであるが、禅宗では最も大切な禅修行の一つとされている。特に、掃除とは「心を磨く」ことであるともいわれるので、雲水の修行として専門僧堂では朝夕徹底的に掃除をしている。しかし、仏教誕生の地インドでは、僧が生産労働(作務)をすることは禁じられていた。ところが、仏教が中国に渡り、インドのような遊行生活から、一か所に留まる定住生活へと変わると、畑仕事などの労務が修行として行われるようになった。

特に作務を重んじたのは、初めて禅寺院の集団生活の規律(『百丈清規《ひやくじようしんぎ》』)を定められた唐代の禅僧、百丈慧海禅師《ひやくじようえかいぜんし》である。禅師はその師である馬祖道一禅師《ばそどういつぜんじ》がそうであったように、自身もまた生涯、大衆と共に作務に励まれたという。

（百丈禅師の故事）

百丈禅師には、次のような故事がある。この百丈禅師は、そのころ、既に高齢であったが、毎朝、他の若い修行僧に混じって、同じように境内の拭き掃除や様々な作務《さむ》（作業）に勤しんでいた。若い修行僧がその様子を見て、大変心を痛め、師匠の身にもしものことがあってはと、ある朝、老師匠の使う掃除道具をすべて見えないところに隠してしまった。このようにすれば、もう作務などはしなくなるだろうと思ったからである。

老師匠は、その日何時ものように掃除をしようと、方々掃除道具を探したが見つけることができなかった。そこで仕方なくその朝は掃除をしないで、方丈（住職）の部屋で坐禅をしていた。やがて、みんなは朝の作務を終えて朝食となり、当番の者が食事を運んで百丈禅師にお勧めしたが、老師は食事に手を付けようとしなかった。そして、「私は、働かずに食べてもよいという徳を持ち合わせていない。だから、一日仕事をしなかったので、一日食べないのは当然のことだ」という意味のことを言われた。

百丈禅師は、このように行動で示し、従来の中国仏教の形式主義を改め、実践的な作務を禅の中に取り入れた人物である。

この故事は、禅院における作務の精神を端的に表現する話としてしばしば引用される。

(四) 雲水の托鉢《たくはつ》

托鉢とは、頭陀行《ずだぎょう》とも乞食行《こつじきぎょう》とも呼ばれ下座乞食《げざこつじき》の行には相違ないが、法施行としても重要な意味を持つ。

釈尊は、出家する時に、修行以外の労働を自らに禁じた。それでも生きていけたのは、托鉢をして食べ物を得ていたからである。以来仏教では、出家者は経済活動に一切かかわることなく、托鉢をしてお布施を受けるのが慣例となった。僧侶が街を無心に歩き布施(喜捨)したい人が現れればただそれを受け取る。その際僧侶は『施財《せざい》の偈《げ》』という次の短い偈文《げもん》を唱える。

財法二施《ざいほうにせ》。功徳無量《くどくむりょう》。檀波羅蜜《だんばらみつ》。具足円満《ぐそくえんまん》。(乃至法界《ないしほっかい》。平等利益《びょうどうりやく》。)

注:六句であるが、赴粥飯法《ふしゅくはんぽう》では四句までで( )内は欠如している。

(意訳:物を施したり、教えを施したりすることは、計り知れない功徳を生む。そのような尊い行為をする者には、満ち足りた想いが宿るだろう。そして施しによって生まれた功徳は、世界をよりよいものへと変化させていく。）

これにより喜捨した人は財施をし、僧侶は法施をしたことになる。托鉢《たくはつ》というと僧侶のみの修行と思われがちだが、実は一般の方にとっても修行なのである。すなわち、布施を受けた時にお唱えする偈文《げもん》の中に「財法二施」とあるように、托鉢は、お布施をする人も、偈文を唱え法施をし、そのお布施を受ける僧侶もお互いが施し合う修行なのである。だから布施してくださった人に感謝はしてもお礼は言わない。もし「お願い」をしたり「お礼」を言ってしまったら、それは寄附・募金活動になってしまい托鉢ではなくなってしまうからである。

財施をする人（檀信徒・一般の人）にとっては、自分の財産・金品・持ち物等いわゆる浄財を手放し執着を断つ修行である。布施のことを喜捨するといい、文字通り見返りを求めず「喜んで捨てる」修行であり、それで功徳を積むことになる。

一方法施をする僧侶の側にとっては法を施す実践の場であるが、僧侶の一挙手一投足が法施になる場合もある。例えば釈尊の最初の説法を聴き弟子となった五比丘《ごびく》の一人に、馬《め》勝《しょう》という修行者がいた。今でも修行道場において「馬勝の威儀を習え」といわれるほど威儀端正なことで知られていた馬勝が、一人托鉢に出かけていた時である。後に釈尊の十大弟子の一人となる舎利弗は、その端正な立ち居振る舞いに見惚れ「あなたのお師匠様はどなたですか?」と尋ね、すぐに釈尊の弟子となったという故事がある。このように僧界では偈文を唱えることも法施に違いないが修行僧の一挙手一投足がすべて法施の範疇《はんちゅう》とされている。

いずれにせよ特に僧侶にとって托鉢は、衣食住に対する執着を捨て、生きていくことを他人に委ねる大切な修行である。

四　禅と日本文化

禅思想は、日本文化にも多大な影響を及ぼしている。日本へは、鎌倉時代の始めに栄西禅師が臨済禅を、道元禅師が曹洞禅を伝え、同時代末から南北朝にかけて中国禅僧の渡来する者も少なくなかった。また、宋から帰朝した多くの日本人僧によって禅宗は隆盛の一途をたどり、室町幕府は鎌倉と京都にそれぞれ五山を設け、禅林文化の発展に力を注いだ。そのため、茶の湯、武道、文学、庭園、書画等に至るまで枯淡幽玄《こたんゆうげん》を表すものが、禅の精神と一致するものとして重んじられ、禅林の文化はこの時期に空前の盛況をもたらした。

ここでは以下のそれぞれについて禅との関係の一端について簡単に触れることにする。

(一) 禅と茶道

「禅と茶は、根本では同一のものである」とよくいわれることである。しかし具体的にはどうかとなるとよくわからないのが実情であろう。「茶意は即ち禅意也。故に禅意を含《お》きて外に茶意なく、禅味を知らざれば茶味も知られず」(『禅茶録』)というように、禅は常に茶道の指針として考えられてきた。

茶は禅宗の僧によって鎌倉時代に薬として日本へ持ち込まれ、禅宗の普及とともに、喫茶の文化も広まっていった。栄西禅師が中国から持ち帰った茶の種を、筑前の脊振山の中腹にある霊仙寺《りょうせんじ》（佐賀県神崎郡東脊振村）に蒔き、茶栽培（岩上茶）を推進し、お茶を飲む習慣を日本に持ち込んだことは有名である。また銘茶の誉れ高い宇治茶は、栄西禅師が東脊振から送った種が始まりとされている。

現在でも、家元を始めとする茶家の方達は禅宗の僧を師として修行されている。

千利休の弟子である山上宗二《やまのうえのそうじ》は、「茶の湯は禅宗より出たるに依りて、僧の行を専にする也。珠光《じゅこう》・紹鴎《じょうおう》・皆禅宗也。」と書物に書いている。

千利休は、京都の禅宗の大徳寺の古渓宗陳《こけいそうちん》らに参禅して修行した。その利休の師である武野紹鴎《たけのじょうおう》も、またその師の珠光も、禅宗の系譜の中に位置づけられている人物である。それ故千利休は、自身の茶の湯「侘び茶」の「開山」を珠光としている。

茶の湯（茶道）、特に「侘び茶」という世界観で、「茶禅一味」という考え方が大切にされているが、それは、前述の系譜により禅宗から生まれたからであろう。

禅が「清浄無垢《せいじょうむく》の世界」を目指すならば、それは天地自然の摂理の中で生きていた縄文時代以来の日本の人々の精神とも相通じるものであり、その精神は日本人の本質を形成していると利休たちは考えていたのであろう。ちなみに茶禅一味とは、茶道と禅とは一体であるという意味であり、「侘び」とは、「清浄無垢《せいじょうむく》の仏世界」のことをいう。

千利休の死後、茶道はその子孫に受け継がれ、表千家、裏千家、武者小路千家のいわゆる三千家の流派がうまれた。この三千家を中心に更に多くの流派が生まれ、現在では日本国内のみならず、海外からも注目されている。その発展は、世界的な禅人気に負うところも大きい。

(二) 禅と剣(武道)

「剣禅一如《けんぜんいちにょ》」の意味は、「剣禅一致《けんぜんいっち》」とも呼ばれ、「剣の道の究極の境地は禅に通じる無念無双と同一である」ということである。剣の道でも、禅の世界でも、物事のスキルや能力を究めるためには、何よりも心の修行が大切であるというニュアンスを持つ言葉である。

もともと剣の道も禅の世界も、究極のレベルを目指すことが修行者の最終目的であり、言ってみれば「生きるか死ぬかのギリギリの状態で、厳しい状況に耐えながら修練すること」だとも言える。そして、それは身体だけの鍛錬ではなく、心の鍛錬が何よりも不可欠であるということである。

総じて「剣禅一如」は、何かを究める時は身体のみだけではなく、心や考え方にも修行を心掛けるべきであるという教えとも解釈できる表現となる。

そもそも「剣禅一如」の由来は、禅僧の沢庵和尚が書き記した『不動智神妙録』による。すなわち沢庵和尚が説いた「剣の道の境地」のことであるが、剣の道はさながら「禅における無念無想」の境地と同じようなものであると説明している。沢庵和尚は剣豪としても知られ、柳生但馬守の師としても有名である。ちなみに、禅に通じる「無念無想」とは「一切の邪念から離れて何も考えないこと」である。禅的な表現で言うならば「無我の境地に至ること」を指し、心の動きがなく、雑念を生む心を捨てることを総称する言葉となる。

なお、申すまでもなく高度の精神性を要求される他の武道、なかんずく弓道等でも全く同様のことが言える。

(三) 禅と文学

中国の宋元禅林においても文学が占める位置は、非常に大きかったが、日本からの入宋僧や入元僧らにより、その禅風が日本に伝来すると、日本の禅林においても文学志向が高揚することとなった。もっとも、禅僧の中でもこうした風潮を批判する者がいた。鎌倉時代に禅宗の建長寺を創建した蘭渓道隆《らんけいどうりゅう》は「不立文字《ふりゅうもんじ》」を掲げていたので、文学ばかり励んで禅修行に励まない僧侶を厳しく批判したが、続いて来日した大休正念や無学祖元・一山一寧《いっさんいちねい》は、文学を通じて北条時宗の信任を得るなど、禅僧の文学志向は収まることは無かった。特に一山一寧は、門人希望者に偈頌《げじゅ》作成を課した。これは権力の保護を受けた当時の禅林に多くの禅僧が集まったが、その中には破壊的な振る舞いを行う者や仏教に関する知識も礼儀も備わっていない者が多数混在しており、他宗派からの攻撃の対象となっていた。そのため一山一寧は、禅修行以前の問題としての知識豊かな礼節正しい仏教僧としての自覚を促す手段を文学に求めたのである。

室町時代に入ると、鎌倉五山（順位は、第一位―建長寺、第二位―円覚寺、第三位―寿福寺、第四位―浄智寺、第五位―浄妙寺）や京都五山（南禅寺を別格として五山之上とし、京都の天竜寺、相国寺、建仁寺、東福寺、万寿寺）では、幕府の外交文書を起草するという必要性も伴い、格調高い四六駢儷体《しろくべんれいたい》を用いた法語や漢詩を作る才能が重視されることも関係して、五山文学（禅僧たちが起こした漢文学）が栄えることとなった。すなわち五山文学こそが、五山文化の中心であった。

(四) 禅と庭園

禅寺の特徴は、庭園に見られるといっても過言ではないほど、それぞれの寺では、庭園に工夫を凝らしたものが多く見られる。作庭家としての才能を発揮した無窓国師を始め多くの素晴らしい庭園を造り上げた禅僧は多い。それは禅では寺の風光や風致を至境（到達することができる最高の境地）とし重要視したり、修行でも自然と一体となる悟りの境地を目指すことなど自然との関りを重んじることに関連している。

禅宗寺院の庭園の特徴は、何といっても枯山水の技法が様式化したことである。枯山水は何らかの理由で水漏れし水のなくなった滝や水のない流れとなった庭をその趣もよしとしたことから始まったそうである。ここではその枯山水の典型としての京都の禅寺である龍安寺《りょうあんじ》の石庭等について触れよう。

枯山水の石庭で有名な世界遺産となっている龍安寺は、京都で最も有名な観光名所の一つであるが、金閣寺や仁和寺とは対照的な哲学的で侘びた雰囲気が漂っている。特に禅の心を十五の石で表現している深層は、計り知れない禅の奥義を垣間見る心境になる。

なお、蛇足であるが龍安寺には水戸黄門こと徳川光圀が寄進したことで有名な蹲《つくばい》が安置されている。その蹲の表面に「吾唯《われただ》足知《たるをしる》」の文字が刻まれている。意味するところは、今の己に満足し、すべての恵みに感謝せよという禅の教えである。源流は、

龍安寺の石庭

釈尊の遺言となっている『仏遺教経《ぶつゆいきょうぎょう》』の「知足の者は貧しといえども富めり、不知足の者は富めりといえども貧し」と書かれているところから採っている。

これまで自然は人間によって征服されるべきものとされてきた。今その行き着いた姿として、地球温暖化等、自然破壊や核開発等のありようが喫緊の課題として問題視されている。これまでの人間のあくなき欲望等を猛省して、地球の本来的機能である循環というサイクルの中で、人間存在のありようを真剣に考えなければ、人類の存続は極近い将来あり得なくなることに思いをいたすべきである。すなわち、少欲知足の仏教の精神こそがその答えである。

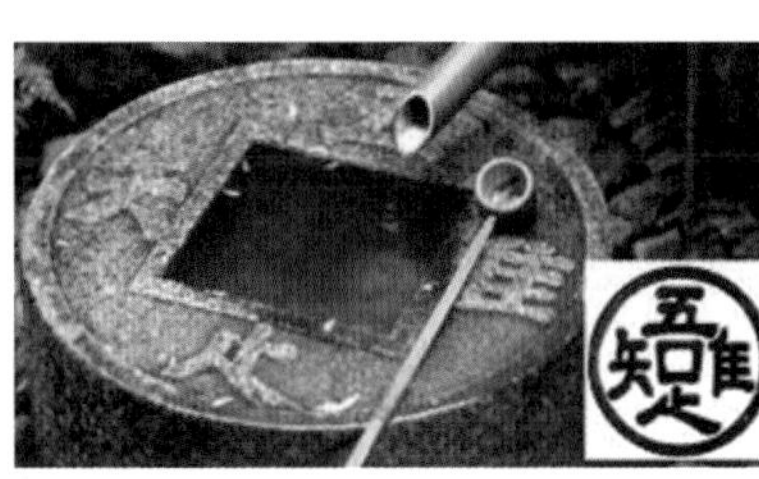

龍安寺の蹲

(五) 禅とその他の芸術

以下、禅と禅画、俳句、和歌、能楽等との関係に一言触れ、この項を閉じる。

◎禅画

禅画とは、禅宗の教義内容はもとより、禅の精神、例えば悟りの境地と本来「心」の領域に属するものを、絵筆に託して表した作品をいう。姿かたちのない観念の世界を目に見えるものにするのであるから、表現手段としては比喩的、あるいは象徴的なものにならざるを得ない。例えば白隠禅師の「一円相」のようなものが、禅画と呼ばれるのに最もふさわしい作品であろう。したがって禅画とは、絵画表現における禅的なものといったほうがより適切かもしれない。

なお、「一円相」とは、禅における書画の一つで図形の丸を一筆で書いたものをいう。すなわち悟りや真理、仏性、宇宙全体などを円形で象徴的に表現したものとされるが、その解釈は見る人に任される。

◎俳句

日本が生んだ世界的な禅研究の第一人者とされている鈴木大拙《だいせつ》は、俳句を禅と結び付けた最初で最後の人である。大拙以前の俳句論といえば、多かれ少なかれ正岡子規の影響を受けていたものだが、それは自然の写生に重きを置く議論であった。写生と禅とでは、共通するものはほとんどない。だから、俳句と禅とが結び付くこともなかった。また、大拙以降の俳句論も、禅を持ち出すことはほとんどない。禅をもって俳句を論じるには、俳句はあまりにも多彩だからであろう。俳句は禅のように悟りに近い境地をもたらすこともあるかもしれないが、俳句の妙はそれに尽きない。俳句はそこから生まれてきた言葉遊びにも妙味はある。

大拙が最も重視する俳句は、無論松尾芭蕉のものだ。芭蕉の句「古池や蛙《かわず》とびこむ水の音」を以って、大拙は近代俳句の出発点だとしている。この句以前には、芭蕉も含めて、俳句とは単なる言葉の遊びに過ぎなかった。この句を以って、俳句は真の芸術に昇華したのであるが、それを推進したのが禅の精神だったというわけである。

この句のうち、「蛙とびこむ水の音」の部分は、禅問答から生じたと大拙は考証している。芭蕉は禅師の仏頂和尚のもとで参禅したことがあったが、その折に、和尚から「青苔いまだ生ぜざるときの仏法いかん」と問われて、「蛙とびこむ水の音」と答えたという。後に、これに「古池や」を加えて「古池や蛙とびこむ水の音」の句が出来上がったというのである。

◎和歌

「春は花夏ほとゝぎす秋は月冬雪さえて冷《すず》しかりけり」

この和歌は、道元禅師が永平寺の夜空を眺めて日本の四季を詠われたもので、四季の姿をあるがままに詠んだとも、坐禅の深い悟りの境地を意味するとも捉えられている。

なお、形見を遺してほしいと求められた道元禅師の和歌に次がある。

「形見とて何残すらむ春は花夏ほとゝぎす秋は月冬雪さえてすずしかりけり」

また禅僧良寛和尚が晩年、何か形見を遺してくれと周囲の人に乞われて詠んだ和歌に次がある。

「かたみとてなにかのこさむ春ハ(は)花夏ほとゝぎす秋はもみぢ葉」

禅僧良寛和尚が師と仰いで敬っていた道元禅師の本歌《もとうた》を模倣して詠んだものであろう。

誠に僭越であるが、拙僧も駄作を一つ恥ずかしながら披露することとする。

「形見とて何か遺《のこ》さん禅ごころ釈尊達磨《しゃくそんだるま》の慈悲嗣《つ》なぎつつ」

◎能楽

室町時代に観阿弥・世阿弥親子によって大成された能楽も禅と深い関係があるとされて

いる（世阿弥は、京都の禅寺東福寺の岐陽方秀《きようほうしゅう》の下で参学したと伝えられている）。『花鏡《かきょう》』は、世阿弥が長年に渡って著述した著名な能芸論書であるが、その中で次のように述べている。「禅は、自分とは何か、いかに生きるかを追求する。絶対平等の自己、無相・無位の自己、慈悲・光明の根源たる自己、それに目覚め、その本質になりきり毎日を生きようとする道である。（中略）技芸を支えて生かしているのは心なのだが、この心の存在を人に見せることがあってはならない。更にいえば、昼も夜も、日常生活のあらゆる瞬間に、意識の奥底の緊張を持続して、すべての動作を充実した心の張りで繋ぐべきである。このように常に油断なく工夫しているならば、その人の能は次第に向上していくだろう。これが、秘伝の中でも特に最高の秘伝である」

要するに世阿弥が教えている秘伝は、毎日の行住《ぎょうじゅう》坐臥《ざが》の禅的精神の維持であり、能の役者は、常に日常生活の中で禅の実践工夫をせよということである。すなわち世阿弥が、日常生活において常に念頭に置いていなければならないのは禅であるといっている。

五　禅語集

本項は、禅語（禅の言葉）と禅の用語から構成されている。禅語（禅の言葉）は、本書の他の部分にも故事としてちりばめてある。禅語に興味のある読者であればよく知られている内容であるので思い出しながら味わっていただきたい。時間の経過と環境の変化等によってその味覚が変わっているかもしれないだろう。なお、禅の用語の方は、一応全般を網羅したつもりである。

(一) 禅語（禅の言葉）

禅の心を文字で表象したのが、いわゆる禅語である。したがって、禅語を通じて禅の本質的理解の一助にして頂ければ幸いである。

なお、出典の古典書の解説は、本項以外の他の部分も含めて次項で簡単に説明する。

（見出しの五十音順）

◎【一行三昧《いちぎょうざんまい》】いつでも真っすぐな心で臨みなさい——慧能《えのう》（『六祖壇経《ろくそだんきょう》』）

一行三昧《いちぎょうざんまい》とは、一切処《いっさいしょ》に於《おい》て、行住坐臥《ぎょうじゅうざが》、
常《つね》に一直心《いちじきしん》を行《ぎょう》ずる、是《こ》れなり。

（慧能＝六三八～七一三。中国・唐代の禅僧）

現代語訳　**一行三昧**というのは、どんなところででも、歩いていても立っていても、坐っていても寝ていても、**いつでもまじり気のない真っすぐな心で臨むということである。**

禅では目の前にあることに集中して、きちんとこなすことが求められ、それが役に立つかとか意味があるかを問うてはならないとする。「一直心を行ずる」とは、何をするときでも真っすぐな心で臨むこと。「行住坐臥」とは、日常の立ち居振舞のこと。仕事でも勉強でも食事でも、いつでも真っすぐな心、分別や執着のない心で臨み、「何のため」などと考えずに一つのことに徹すること、それが「一行三昧《いちぎょうざんまい》」ということだと慧能《えのう》は説いている。禅の心は「一行三昧」に始まり「一行三昧」に終わる。日常の立ち居振る舞いにおいて一行三昧になれるなら、坐るだけが禅の修行ではないことになる。

◎【看脚下《かんきゃっか》】一歩一歩を大切にしなさい――圜悟《えんご》（『五燈会元《ごとうえげん》』）

法演《ほうえん》「各人《かくじん》、一転語《いちてんご》を下《くだ》せ」

仏鑑慧懃《ぶつかんえごん》「彩鳳《さいほう》、丹霄《たんしょう》に舞《ま》う」

仏眼清遠《ぶつげんせいおん》「鉄蛇《てつだ》、古路《ころ》に横《よこ》たわる」

仏果圜悟《ぶっかえんご》（克勤《こくごん》）「**脚下《きゃっか》を看《み》よ**」

法演《ほうえん》「我《わ》が宗《しゅう》を滅《めっ》する者《もの》は乃《すなわ》ち克勤《こくごん》のみ」

（法演＝一〇二四〜一一〇四。中国・宋代の禅僧）（仏鑑慧懃＝一〇五九〜一一一七）
（仏眼清遠＝一〇六七〜一一二〇）（仏果圜悟＝一〇六三〜一一三五）

現代語訳　（暗い夜道で灯火が消えてしまったとき、法演が問うた）「お前たち、悟りの心境を言ってみよ」。仏鑑は「（すべてが黒一色のこの暗闇は）美しい赤い鳥が夕焼けの真っ赤な大空に舞っているようなものだ」、仏眼は「（真っ暗な中でこの曲がりくねった道は）真っ黒な大蛇が横たわっているようなものだ」、仏果（克勤）は「**足元をよく見て歩きましょう**」と答えた。法演は仏果の言葉を聞いて「そうだ、そのとおりだ」と言った。

法演が「明かりが消えてしまったこの暗闇の中でどうするか言え」と三人の弟子に迫った。思いも寄らない災難などに遭って、前途暗澹《あんたん》たるところをどう切り抜けるかという問いだ。禅の心構えを問答を通して問い、自分の後継者を選ぶ問答でもあった。

三人に問うというパターンは論語などにも見られるが、その三人がそれぞれ違う答えをする。仏鑑と仏眼は暗闇の抽象的なイメージを語ったのに対して、仏果は危ないからつまずいたりしないように足元をよく見るようにしようと答えた。この一見当たり前すぎて浅いように思える答えが真理だというのが、禅の面白さだ。どうするかと問われたとき、仏果は当事者意識をもって、具体的に自分ならこうすると答えた。答えの深さ浅さではなく、訊かれたことに具体的かつ本質的に答えるということが大事である。

この問答には、自分の足元を見ればそこに仏性が見えてくるという含みもある。上ばかり、遠くばかりを見つめていると、足元が疎《おろそ》かになってつまずいてしまう。自己を見つめ、一歩一歩を大切にそして丁寧に生きなさいと説いているのである。

◎【眼横鼻直《がんのうびちょく》】何も持って帰ってきませんでした――道元（『永平広録《えいへいこうろく》』）

眼横鼻直《がんのうびちょく》なることを認得《にんとく》して、人《ひと》に瞞《あざむ》かれず、

便乃《すなわ》ち空手《くうしゅ》にして郷《きょう》に還《かえ》る。

（道元＝一二〇〇〜一二五三。鎌倉時代初期の禅僧。日本の曹洞宗の開祖）

現代語訳　（私はそれほど多くの寺で修行をしてきたわけではない。ただ偶然にも天童如浄禅師〈中国・宋代の曹洞宗の禅僧〉に会うことができて）**眼は横に、鼻は真っすぐであるという極当たり前のことを悟り、その他のことに惑わされることがなくなった。そして教典も何も持たずに手ぶらで帰ってきた。**

幼い子に顔を描いてごらんと言えば、横線二本で目を描き、縦線一本で鼻を書く。道元は、幼児でも分かることを中国に渡って悟り、教典すら持たずに帰ってきた。当時の中国は日本からすれば世界の文化の中心。道元禅師はその国で本場の仏教を学んできたから、どんな教えを説いてくれるのかと集まった人は期待したが、案に相違して、道元は「**眼横鼻直なる**」ことを悟っただけで、「**空手**」、手ぶらで帰ってきたという。経や儀式などを持ち帰れば、あの人は特別な経を持っている、特別な儀式を身に着けて帰ってきたということで自分の価値があがるにも関わらず、目は横で鼻は真っすぐという当たり前のことの他に取り立てて仏法などないと言い切る強さが道元にはある。あるべきものが、あるべきところにあるべきように備わっている姿、そこに真実があり、悟りが現前している。しかし、すべてを見るがまま、聞くがまま、あるがままに受け入れることは、簡単なようで難しい。

◎【行雲《こううん》流水《りゅうすい》】心を洗い流せ——道元　（『道元禅師語録《どうげんぜんしごろく》』）

君《きみ》見《み》ずや高高《こうこう》たる山上《さんじょう》の雲《くも》、自《おのず》から巻《ま》き自《おのず》から舒《の》ぶ。
滔滔《とうとう》たる澗下《かんか》の水《みず》、曲《きょく》に随《したが》い直《ちょく》に随《したが》う。
衆生《しゅじょう》の日用《にちよう》は雲水《うんすい》のごとし。

現代語訳　高い山の上の雲を見るがよい。雲は何の計らいもなく自然と縮んだり延びたりしている。滔滔と流れる谷川の水を見るがよい。水は何の計らいもなく曲がったところは曲がり、真っすぐなところは真っすぐに流れている。**人間の日常も雲や水のようでなければならない。**

「**行雲流水**」という禅語がある。雲は流れるときは流れ、止まるときは止まり、また流れていく。水も同じ。しかし、人は雲が漂うように水が流れるようにとらわれなく、こだわりなく生きていくのは容易ではない。往々にして煩悩や執着や怒りや嫉妬といった雑念に占拠されて、凝り固まった岩のようになっている。しかし、人の心は本来、がんじがらめになった心をほどけば、どこにでも流れ入ることのできる「行雲流水」のようなものだから、心を洗い流して調える技を自分のものにせよと道元は説いている。

精神科医の森田正馬《まさたけ》氏は「不安」「緊張」は人間が本来持っている自然な感情だから不安や緊張を追い出すのではなく、自然なものとして受け入れながらよりよく生きていこうということを考えた。彼が始めた森田療法は、神経症の人が作務《さむ》のようなことをやる。日常のことをちゃんとやるようにすると、神経症がよくなっていくという行動療法だ。森田療法は禅の考え方を採り入れていると考えられる。いずれも正に心の問題に尽きる。

◎【災難《さいなん》】静かに受け入れてみなさい――良寛

（『良寛歌集《りょうかんかしゅう》』）

災難《さいなん》に逢《あ》ふ時《とき》は災難《さいなん》に逢《あ》ふがよく候《そうろう》。
死《し》ぬる時節《じせつ》には死《し》ぬがよく候《そうろう》。
是《これ》はこれ災難《さいなん》をのがるる妙法《みょうほう》にて候《そうろう》。

（良寛＝一七五八～一八三一。江戸時代後期の禅僧、歌人、漢詩人、書家）

現代語訳　災難に遭ったら慌てず騒がず、災難を受け入れなさい。死ぬ時が来たら静かに死を受け入れなさい。これが災難に遭わない秘訣です。

「うちつけに死なば死なずてながらへてかかる憂き目を見るがわびしさ」（突然みんなと一緒に死んでしまえばよかったのだが、なまじ生き残って、こんな辛い有様を見るのは痛ましいことだ）。良寛が七十一歳のとき、新潟・三条を中心に大地震が起こった。良寛の住んでいる地域は被害が少なかったが、親友の山田杜皐《とこう》は「災難に逢った」。その見舞いの手紙にある歌である。災難に逢ったら災難を受け入れる、死ぬときには静かに死を受け入れる。これが災難や死の恐怖から逃れる妙法だと書いている。しかし災難に逢い死ぬのを怖がっている友人に対して、捕えようによっては随分冷酷な言葉である。しかし災難や死を想定して準備・対策を立てることは大事だが、準備が整ったならば、それ以上不安がってもどうしようもない。来るものは来る、死ぬものは死ぬということを受け入れれば、不安からふっと抜け出られることもあろう。不安や悲観によって「心の災害」を招かないようにするための絶妙の方法なのかもしれない。良寛は「頑張れ」とは一言も書いていないが、手紙をもらった杜皐は「この災難の中で生き抜いていこう」と思ったに違いない。

かつての日本人は押しなべてぎりぎりのレベルで必死に生きてきたから、失うものは何もないと、迷いがなく精神がタフだった。守りに入り過ぎると未練がましく更に様々な災難が襲ってくるように思えて、余計に不安を増幅させてしまう。良寛は、嬉しいとか悲しいとか、良いとか悪いとか決め付ける前に、この世で起こることをまずは受け入れてみなさい。そうすれば本当に失って困るものなどたいしてないことが分かるようになると言いたかったのであろう。禅僧の達観した境地が垣間見られる。

◎【衝天《しょうてん》の志《こころざし》】自ら明らかにせよ――道元（『道元禅師語録《どうげんぜんしごろく》』）

人人尽《にんにんことごと》く衝天《しょうてん》の志《こころざし》あり、如来《にょらい》の行処《ぎょうしょ》に向《む》かって行《ゆ》くことなかれ。

現代語訳　天を衝《つ》かんばかりの士気をもって邁進せよ。如来の跡を求めても悟ることはできない。

「如来の行処に向かって行くことなかれ（如来の跡を求めても悟ることはできない）」は、如来を切り捨てよと言っているのではなく、如来が明らかにしたことを「自らに明らかにせよ」ということである。

仏教学者の中村元氏によれば、如来とは「そのように行きし者」「あのように立派な行いをした人」で、「修行完成者」を意味するという。修行を完成した優れた人がいると、ついついその人に付き従おうとする。しかし、成功者の真似をしても成功することはできないように、一人一人が天を思い切り衝くほどの気力をもって歩まなければ、道を開くことはできないと道元は説いている。

福沢諭吉は「独立自尊」の精神を説いた。「独立とは、自分にて自分の身を支配し、他によりすがる心なきをいふ」（『学問のすゝめ』）。近代人に求められるのは、自分で考え、自分で行動し、他人に頼らない精神を持つことだと説いている。

福沢はなぜ「独立自尊」の精神を説いたのか。「独立の気力なき者は、必ず人に依頼す。人に依頼する者は、必ず人を恐れる。人を恐れる者は、必ず人に諛《へつら》ふものなり。常に人を恐れ人に諛ふ者は、次第にこれに慣れ、その面の皮鉄の如くなりて、恥づべきを恥じず、論ずべきを論ぜず、人をさえ見れば、ただ腰を屈するのみ」だからだという。

このメッセージは明治の初期のことだから、一人ひとりが国を背負う気概がないと、外国に侵略されてしまうということから、独立は非常に切実なものだった。国家の独立というのは個人の独立があってのもの。福沢が説いた人に頼り諛《へつら》ったりすることのない気概と、道元が説いた天を衝《つ》く志、誰をも何をも恐れず我が道を行くという気概は一脈通じるものがある。

日本資本主義の父と称され、維新前後に活躍した渋沢栄一の一万円札が間もなく世に出るが、彼もまた衝天《しょうてん》の志《こころざし》の具現者といえるだろう。

◎【身心脱落《しんじんだつらく》】あるがままに立ち返れ――道元（『正法眼蔵《しょうぼうげんぞう》』）

仏道《ぶつどう》をならふといふは、自己《じこ》をならふ也《なり》。

自己《じこ》をならふといふは、自己《じこ》をわするるなり。

自己《じこ》をわするるといふは、万法《ばんぽう》に証《しょう》せらるるなり。

万法《ばんぽう》に証《しょう》せらるるといふは、
自己《じこ》の身心《しんじん》および他己《たこ》の身心《しんじん》をして脱落《だつらく》せしむるなり。

現代語訳　仏道を学ぶとは、自分自身を学ぶことである。自分自身を学ぶとは、自分を忘れるということである。自分を忘れるということは、あらゆる存在に証《さと》らされることである（自分自身が真実の存在であることが証明されるのである）。あらゆる存在に証らされるとは、自分と他人、身と心という分け隔てがなくなることである。

誰でも仏性を有しているのだから、それを見つければいいだけのことである。仏道をならうというのは釈尊の説いたことを学ぶことではなく、自分をならうということである。自分をならうということは、自分を探求することではなく、自分を落として忘れる（自我を落とす）ことだと道元は説いている。

「私の考えでは」とか「私が思うには」という自分中心の考え方や知識（禅では迷妄とする）を落とし、生きているありのままの世界に立ち返る。自分を忘れた状態というのは、自分と世界の区別がなくなって、世界全体の中に自分が溶け込んでいる状態で、ここに悟りが現れる（万法に証せられる）。

悟りが自分の上に現れる状態というのは、自分の身心を落としていく、つまり自分の身から力みをなくし、心を落としていくと、自他の区別はどうでもよくなり、認識の区切りを落とすことになる。

自他の区別がなくなるというのは、自他を意識する以前の自他未分の状態をあえてもう一度実現させることである。言ってみれば、自我が芽生える前の赤子のような、母親との間の自他未分の状態のようなものである。

◎【心頭滅却《しんとうめっきゃく》】心を煩わされるな――黄龍《おうりゅう》（『碧巌録《へきがんろく》』）

安禅《あんぜん》は必《かなら》ずしも山水《さんすい》を須《もと》めず、

心頭《しんとう》を滅却《めきゃく》すれば火《ひ》も自《おの》ずから涼《すず》し。

（黄龍＝一〇四三～一一一四。中国・宋代の臨済宗の禅僧）

現代語訳　心静かに坐禅をするには山中や水辺でなくてもよい。**物事にこだわる分別・執着の心（心頭）に乱されたり、煩わされたりすることがなければ、暑いがままに涼しい。**

「**安禅は必ずしも山水を須めず、心頭を滅却すれば火も自ずから涼し**」は中国の六世紀（後梁《こうりょう》）の詩人杜筍鶴《とじゅんかく》の詩の一節を中国・宋代の禅僧である黄龍が引用したものである。「心頭」とは「心の中」ということで、物事にこだわる分別・執着の心をいう。「滅却」とは、その心に煩わされたり、乱されたりしないこと。

前述の言葉の前段には以下のようなやりとりがある。「季節ごとに厳しい寒さや暑さがやってきますが、どうしたらそれを避けることができましょうか？」「寒いときは寒いがままに寒さになりきり、暑いときは暑いがままに暑さになりきることだ」。心身を攪乱する心の作用を調えることができたなら、暑さも寒さも和らぐとした。

苦しい時や辛い時や悲しい時にも同じことが言える。悩みを避けたり、一時逃れするのではなく、ありのままに受けとめ、その事柄に徹することで心が調い、悩みや苦しみが薄れていく。
鎌倉時代の臨済宗の大燈国師は「**坐禅せば四条五条の橋の上往き来の人を深山木に見て**」と詠んでいる。すなわち修行を重ねると、往来の人たちが深山の木々のように見えて、都塵渦巻《とじんうずま》く中でも坐り抜けると詠んだ。また異説であるが、戦国時代武田の禅僧快川紹喜《かいせんじょうき》和尚も同様の歌「**心頭滅却すれば火もまた涼し**」を詠んでいる。

◎【**無事於心**《しんにことなく》　**無心於事**《ことにしんなし》】心にはからいを持つな――徳山《とくざん》（『景徳伝燈録《けいとくでんとうろく》』）

心《しん》**に事無**《ことな》**く、事**《こと》**に心無**《しんな》**し。**

（徳山＝七八〇～八六五。中国・唐代の禅僧）

現代語訳　心に事なかれ、事に心なかれ。

長野県安曇野《あづみの》市にある哲学者・西田幾多郎の碑文には、「無事於心無心於事　物となって考へ物となって行ふ」と刻まれている。

西田幾多郎は「己《おのれ》を空《むな》しくして物の真実に徹し行くことは日本精神の真髄である。いわゆる無心とか、自然法爾《じねんほうに》とか柔軟心とかいふ我々日本人の強い憧憬《どうけい》の境地もここにある。人間そのものの底に人間を越えたもの、それが『事に徹する』といふことであって、事実が事実自身を限定する事事無礙《じじむげ》の立場はどこまでも『物となって見、物となって考へ、物となって行ふ』ところになければならない。即ち徳山の『無事於心無心於事』である」と説いている。西田哲学と禅の強い結びつきが実感できる禅語である。

また、鈴木大拙《だいせつ》も、無心を西洋にはない東洋独特なものだと考えている。

◎【心念《しんねん》】心はたちまち乱れるのだ──慧能《えのう》（『六祖壇経《ろくそだんきょう》』）

善知識《ぜんちしき》よ、何《なに》をか坐禅《ざぜん》と名《な》づく。

此《こ》の法門《ほうもん》の中《うち》には障《しょう》無《な》く碍《げ》無《な》し。
外《そと》一切《いっさい》善悪《ぜんあく》の境界《きょうがい》に於《おい》て、心念《しんねん》起《お》こらざるを、名《な》づけて坐《ざ》と為《な》す。
内《うち》自性《じしょう》を見《み》て動《どう》ぜざるを、名《な》づけて禅《ぜん》と為《な》す。

現代語訳　諸君、どういうものを坐禅と言うのか。わが宗門では、何のさわりも妨げもないことである。**外部のあらゆる善悪の対象に対して、心の思いが起こらないのを坐と言い、内面的には自己の真性を見届けて、心が不動であるのを禅というのである。**

達磨大師から数えて六代目の祖（六祖）慧能《えのう》が説いた坐禅の定義である。前述の言葉に続けて以下のように説いている。「**諸君、どういうものを禅定**（心を統一して三昧に入り寂静になること）と言うのか。**外界として見られる一切**のかたちにとらわれないことが**禅**

であり、内面的には心が乱れないのが定である。もし外界でかたちにとらわれると、内面の心はたちまち乱れる。外界でかたちにとらわれないならば、心はそのまま乱れない。人の本性は、それ自ら清らかで、それ自ら安定したものである。ただ対象を見、対象を思うがために、たちまち乱れるのである」。坐禅が目指すのは精神修養や鍛錬ではなく「今ここに自分がいる」ことを自覚することだ。

◎【真仏坐屋裏《しんぶつおくりにざす》】自分でプレーせよ——趙州《じょうしゅう》（『碧巌録《へきがんろく》』）

（趙州禅師は大衆に疑問を投げかけた）

「金仏《かなぶつ》、炉《ろ》を渡《わた》らず、

木仏《きぶつ》、火《ひ》を渡《わた》らず、

泥仏《でいぶつ》、水《みず》を渡《わた》らず」

（趙州《じょうしゅう》禅師はこの疑問に自ら答えた）

真仏《しんぶつ》は屋裏《おくり》に坐《ざ》す。

（趙州＝七七八〜八九七。中国・唐末の禅僧）

現代語訳　（趙州は大衆に疑問を投げかけた）「金仏は炉で溶け、木仏は火で焼け、泥仏は水に溶けて壊れてしまって真の仏とは言えないではないか。では真の仏はどこにいるのか」

（そして自ら疑問に答えて示した）「**真の仏は屋裏（肉体の内）に坐す**」

仏といえば寺のお堂の奥の仏壇に奉られ、拝まれている。仏の形であれば人々はみな仏さまと思って拝む。しかし、真の仏は金剛不壊《ふえ》といって不生不滅であるはずなのに、金仏は炉に入れれば溶けてしまい、木仏は火に焼かれ、泥仏は水に溶けてしまう。ならば、真の仏はどこにいるのかと趙州は大衆に疑問を投げかけた。そして自ら答えて示したのが**「真仏は屋裏に坐す」**である。

屋裏とは、家の中ということではなく、生身の肉体の内のことをいう。真の仏とは**「衆生本来仏なり」**というように、生まれながらにわが身に宿る仏性のことである。にもかかわらず、衆生は外に仏を求めようとする。

◎**【日日是好日《にちにちこれこうにち》】**　逆境もめでたいのだ――雲門文偃《うんもんぶんえん》（『碧巌録《へきがんろく》』）

〈雲門和尚が弟子たちに問題を提起した。「〈夏安居《げあんご》が明ける〉七月十五日以前のことは問わない。十五日以後、何か一句ひねって持ってこい」。誰も持ってこなかったので自分で一句を作って言った〉

日日是好日《にちにちこれこうにち》。

蝦《えび》は斗《ます》を跳《と》び出《い》でず。
誰《た》家《れ》にか名月清風《めいげつせいふう》無《な》からん。
還《は》た知《し》るや、海神《かいじん》は貴《たっと》きことを知《し》りて価《あたい》を知《し》らざるを。

（雲門文偃《うんもんぶんえん》＝八六四〜九四九。中国・唐末の禅僧）

現代語訳　**毎日が吉日だ。** 蝦（海老）が桶の中でいくら跳ねても、落ちてくれれば元の桶の中にいる。誰にでも清浄法身（名月清風）が具わっている。海神は珊瑚《さんご》が貴重なものであることは知っているが、その真の価値を知らない。

私たちは運がいい悪いといって、ラッキーなことや特別なことがあれば、今日はいい日（好日）だったと思うが、「今日もよい日でありますように」と願っても、様々な問題が起き、悩むこともある。しかし、晴天に恵まれようと、風雨に見舞われようと、好悪の出来事があろうと、その一日は二度とない一日であり、かけがいのないい一時であると考え、一日一日を全身全霊で生きることができれば、正に「日日是好日《にちにちこれこうにち》」である。

運・不運ということ自体、人が決めつけていることであり、決めつけようとする働きをやめれば、すべてが生かされ、いやなことがあっても、トラブルやもめ事があっても、それも生きているうちの一ページなのだから、これもまたよい日であるというふうに思えるようになる。「好日」は願って得られるものではなく、待っていて叶えられるものでもない。自らの生き方に、日々好日を見出さなければならない。

この禅語は、書家が茶室の掛け軸の揮毫《きごう》、あるいは政治家や財界人などが自己の心境を示す語として使ったりする。

◎【平等心《びょうじょうしん》】ありのままの心を受け入れなさい――南泉《なんせん》（『無門関《むもんかん》』）

（趙州《じょうしゅう》は師の南泉和尚に質問した）

「如何《いか》なるか是《こ》れ道《どう》」

「平等心《びょうじょうしん》是《こ》れ道《どう》」

（南泉＝七四八～八三五。中国・唐代の禅僧）

現代語訳　ある時趙州《じょうしゅう》は南泉和尚に「仏道とはどういうものですか」と質問した。南泉は答えた。「**おまえの平等の心、それこそが仏道というものだ**」

前述に続けて「それには何か特別な修行の方向付けがありますか」と趙州が質問すると、南泉和尚は「ない。向かおうとすれば逸れてしまうのだ」と答えた。「向かわなければ、どうして道を知り得ましょうか」と趙州が重ねて質問すると、「**道というものは、知るとか知らないとかのレベルを超えたものだ。もし本当にこだわりなく生きることができたなら、この大空のようにカラリとしたものだ。それをどうしてあだこうだと詮索することがあろうか**」と答えた。

この言葉が終わらないうちに趙州はいっぺんに悟った。例えば不安に駆られたときに落ち着こうとすればするほど、不安が増してしまうことがある。むしろ不安になっている心こそ、今の自分のありのままの心なのだと認めて受け入れるとき、自分が排除しようとした心がなくなる。これが平常心である。

◎**【無事是貴人《ぶじこれきにん》】**　あるがままであればよいのだ――臨済（『臨済録《りんざいろく》』）

求心《ぐしん》やむ処《ところ》即《すなわ》ち無事《ぶじ》。（中略）

無事《ぶじ》是《こ》れ貴人《きにん》、但《た》だ造作《ぞうさ》すること莫《なか》れ、

祇《た》だ是《こ》れ平常《びょうじょう》なれ。

你《なんじ》、外《そと》に向《む》かって傍家《ぼうけ》に求過《ぐか》して脚手《きゃくしゅ》を求《もと》めんと擬《ほっ》す。

錯《あやま》り了《おわ》れり。祇《た》だ仏《ほとけ》を求《もと》めんと擬《ほっ》するも、仏《ほとけ》は是《こ》れ名句《みょうく》なり。

（臨済＝生年不詳～八六七。中国・唐代の僧。臨済宗の開祖）

現代語訳　**求める心がやむときが、本当に安らかに生きるということだ。**

（中略）

自己が本来の自己であることが最も貴いのだ。だから絶対にはからいをしてはならない。ただあるがままであればよい。お前たち（雲水）は兎角外に向って何物かを求めて手掛かりにしようとするが、大間違いだ。お前たちは仏を求めようとするが、仏とはただの名前である。

臨済は「求める心が止むときが、本当に安らかに生きるということだ」と説いた。求める心があると、とかくトラブルが起きて心が乱れる。だから求心をやめて、日常を淡々と過ごせば、煩わしいことが起きない。トラブルに強い心をつくるというよりも、トラブルのもと自体を減らして無事に過ごしていくという態度だ。私たちの心の奥底には、生まれながらにして仏と寸分たがわぬ純粋な人間性、仏になる資質ともいうべき仏性がある。それを発見し、自分のものとすることが禅の修行であり、悟りを得るということだ。だから「あれこれとりつくろうとせずに、本来の自己に立つのが達人というものだ。いろいろ手数をかけず、ひたすらありのままに臨め」。如何なる境涯に置かれようとも、本来の自分を見失わずにありのままに臨んで、すべてに造作なく対処できる人、これこそ「無事是貴人」というべき人である。これは『無門関《むもんかん》』に出てくる南泉和尚の「平常心」に相通じる。

◎**【不落別処《べっしょにおちず》】**　収まるべきところに収まるのだ——龐居士《ほうこじ》（『碧巌録《へきがんろく》』）

（龐居士は薬山《やくさん》禅師の寺を辞す時に言った）

好雪《こうせつ》、片片別処《へんぺんべっしょ》に落《お》ちず。

（龐居士＝不祥～八〇八。中国・唐代の仏教者）
（薬山惟儼《いげん》＝七五一～八三四。中国・唐代の禅僧）

現代語訳　（空から舞い落ちる雪を指さして言った）春の雪もまた、格別だ。一ひら一ひら、降るべきところに降っている。

龐居士《ほうこじ》は空から舞い落ちる雪を指さして「何とも美しい雪だ。だが、どの雪片も別々のところに落ちず、かといって同じところにも落ちない」と言った。寺の門まで送りに来た一人の僧がその言葉を耳にして、「それならいったいどこに落ちるのですか」と理屈で問い詰めようとすると、龐居士は「バシッ」と平手打ちを食らわせた。それでも食い下がる僧に居士は「そんなありさまで禅僧と称するなら、閻魔《えんま》様はおまえを放免しないぞ」と言って、更に「ピシャッ」と平手打ちを食らわせた。

空から雪が降って、それぞれ落ち着くべきところへひらひらと舞い落ちていく。重力によって雪はそれぞれのところに落ちるだけだから、雪自身に迷いがあるはずもない。それと同じで、雪の一ひら一ひらがどこに落ちるかを心配する人がいないように、自分も落ちるべきところに落ち、収まるべきところに収まるのだから、自分はどこへ行くのだろうかと思い煩うことはない。そうした境地を前述の言葉は表している。花見をしていると、桜の花びらが散る姿を美しいと思う。風に翻弄《ほんろう》されながらも落ちるべきところに落ちる。一つ一つ違うところに落ちるけれども、桜の花の一片一片は迷いなく散っていく。こんなふうに迷いなく散りたいものだと、私たちは花見を通じて感じているのかもしれない。
世の中は、それぞれに「自分の落ち着き場所」「自分の居場所」があってそこに収まるもの。「ああしよう、こうしよう」というはからいなど、自然の摂理を前に何の力も持たない。余計なはからいを捨てて、一瞬一瞬を充実して生きること。それが「禅的な生き方」というものである。

◎**【莫妄想《まくもうぞう》】**　くだらないことを考えるな――無業《むごう》（『景徳伝燈録《けいとくでんとうろく》』）

妄想《もうぞう》する莫《なか》れ。

（無業＝七六〇～八二一。中国・唐代の禅僧）

現代語訳　余計な妄想に囚われるな。くだらぬことを考えるな。

無業《むごう》は一生涯、何を尋ねられても「莫妄想《まくもうぞう》（妄想にとらわれるな）」の一点張りで通し、妄想を断ち切れば悟りの境地に入ることができると説いた。端的にいえば、莫妄想とは、過去や未来を思い悩まず今に集中するという意味である。

すなわち、肉体や心の欲望・未来への不安や執着など、人間の心を曇らせる最大の原因が妄想である。それをくよくよ考えるなというのが「莫妄想」ということである。

元寇の危機にさらされていた鎌倉時代、時の執権・北条時宗は、強大な元軍の来襲に悩み、中国から招いていた無学祖元禅師の下を訪ねた。無学祖元禅師は時宗に「莫妄想」といって諭した。時宗は、この一言で決心を固め、今できる限りの防備に全力を尽くして、後は天命を待つ心境に至ったとされている。結果、元軍は二度とも暴風雨に襲われ、壊滅状態になったわけである。

済んでしまったことは忘れよう。今できることに全力を尽くす。よりよい未来をつくるのは今の努力しかないのである

◎【磨作鏡《まさきょう》】形にとらわれるな――南嶽《なんがく》（『景徳伝燈録《けいとくでんとうろく》』）

（馬祖《ばそ》が師の南嶽禅師に質問した）

「師《し》、什麼《なに》をか作《な》す」

「磨《ま》して鏡《かがみ》と作《な》さん」

「塼《せん》（瓦《かわら》）を磨《ま》するも豈《あ》に鏡《かがみ》となすことを得《え》んや」

「坐禅《ざぜん》するも豈《あ》に仏《ほとけ》と成《な》るを得《え》んや」

「如何《いか》なるか即《すなわ》ち是《これ》なる」

「人《ひと》の駕《が》するが如《ごと》し。

車《くるま》行《い》かずんば、車《くるま》を打《う》つが即《すなわ》ち是《これ》なるや、牛《うし》を打《う》つが即《すなわ》ち是《これ》なるや」

（馬祖道一《ばそどういつ》＝七〇七～七八六。中国・唐代の禅僧）
（南嶽懐譲《なんがくえじょう》＝六七七～七四四。中国・唐代の禅僧）

現代語訳　馬祖「師よ、何をしているのですか？」。南嶽「**瓦を磨いて鏡にしようと思ってな**」。馬祖「瓦を磨いて鏡になるわけがないではないですか」。南嶽「そうかもしれぬが、いくら坐禅に磨きをかけたところで仏になるわけがなかろう」。馬祖「では、どうすればよいですか」。南嶽「人が牛車に乗るようなものだ。車が動かなくなったとき、人は車を打つのがよいか、それとも車を引く牛を打つのがよいか」

南嶽懐譲は中国・唐代の禅僧で、六祖・慧能《えのう》の弟子。馬祖道一は南嶽の弟子。南嶽は、仏になろうと坐禅の修行に打ち込む馬祖《ばそ》に、おまえのしていることは瓦を磨いて鏡にしようとするのと同じだと戒めた。しかし、馬祖はその意味が理解できない。そこで牛馬が走らないとき、車に鞭《むち》を入れるか、牛に鞭を入れるかと問うた。南嶽《なんがく》は、おまえがしていることは本当なら牛に鞭を入れなければならないのに車に鞭を入れているようなものだと、見当違いをしていることに気付かせようとした。

しかし馬祖はまだ理解できないでいる。そこで問答は更に次のように続いた。南嶽は「**おまえは坐っている仏を真似たいのか、それとも坐禅を習いたいのか。坐禅を学ぶというなら、禅が坐だの臥だのという特定の型にはまったものではないことを肝に銘じよ。自らを仏の形に坐らせることは、その仏を殺すことだ。坐る姿勢に執着すれば、真理に到達できない**」と説いた。坐禅は釈尊以来、悟りに至る手段として仏道の修行者によって実践されてきた。馬祖も坐禅すれば仏になれる（悟りに到達する）と考えた。しかしそのように考えることは、仏になるには坐禅をしなければならないという固定観念を生み、坐禅への執着を生むことになってしまうことを諭している。

◎**【無《む》】**「ある」「なし」にこだわるな―趙州《じょうしゅう》（『無門関《むもんかん》』）

（ある僧が趙州禅師に質問した）

「狗子《くす》に還って仏性有りや」

「無」

現代語訳 「犬にもやはり仏の本性、仏の命が宿っているのでしょうか」
趙州《じょうしゅう》は答えた。「ない」

仏教では「一切衆生悉有《しつう》仏性」（一切のものには仏の性質がある）といわれる。ある僧が門前の痩せ犬を見て、「犬にも仏性がありますか」と趙州和尚に質問した。「有」という答えを期待したのだろうが、趙州は「無」と言い放った。ところが趙州は、別の僧から同じ質問を受けた時、今度は「有」と答えた。趙州はそのときその都度、口から出まかせを言ったわけではない。

植物でも何でも一生懸命生きているものには仏性があるともいえるが、人間と全く同じかというと、ちょっと異なる。植物は何のはからいもなく自然に成長するから、悟りの姿と似ているとも見えるが、植物には人間の「自意識」にあたるものがない。自意識という余計なものを取り去って、自らの「本然（本来）の姿」に気付くのが、人間の仏性の自覚のあり方だから、植物には仏性がないともいえる。犬はどうか。死ぬときにもそんなにじたばたしない。死の恐れにも強い。そうしたことだけを見ているように悟っているようにも思えるが、人間のように迷いや煩悩を拭い去ったところで得たものではないので、ちょっと違うともいえる。しかしある面、似ているともいえる。つまるところこの禅語は、「存在する」「存在しない」という相対的な認識というか理屈にこだわること自体がおかしいのだとも読み取れる。

◎**【無功徳《むくどく》】**見返りを求めればいっぺんに色あせる――達磨

（『景徳伝燈録《けいとくでんとうろく》』）

武帝《ぶてい》「朕《ちん》、即位《そくい》して已來《いらい》、寺《てら》を造《つく》り、経《きょう》を写《うつ》し、

僧《そう》を度《ど》すること、勝《あ》げて紀《しる》すべからず。

何《なん》の功徳《くどく》か有《あ》る」

達磨「**並《な》らびに功徳《くどくな》無し**」

現代語訳　「私（武帝＝中国・南北朝時代の梁《りょう》の皇帝）は即位以来、寺を建てたり、経を写したり、僧を保護育成するなど、常に厚く仏法を念じているが、いったいどのような功徳があるのか」。達磨大師は答えた。「**功徳など、いささかもない**」

武帝と達磨大師のやりとりだ。達磨大師は釈尊から数えて二十八代目の法孫。海路インドから中国に渡り禅を伝えた聖者であり、嵩山《すうざん》の少林寺に入り、面壁して坐禅すること九年に及んだ。一方武帝は人々から仏心天子《ぶっしんてんし》と呼ばれるほど仏教への造詣が深く、寺を建て僧を育て、仏教の興隆に寄与した。達磨が入国直後その武帝が、インドから大変偉い聖者が来たと知って、直ちに達磨を南京の宮中に招いた。

功徳を期待した武帝に対して達磨は「功徳など、いささかもない」と答えた。武帝が「では、真の功徳とは何か」と尋ねると、「**大空のようにからりとしていて、迷いもなければ悟りもない。最高も糞《くそ》もあるものか**」と言い切った。

禅では「自分はこういう境地に達しよう」というような分別を払い、「自分が自分が」

というような執着を断つことを目指す。「追求すべき目的」も「目的を追求しようとする自分」も消えたところに禅の境地があるわけで、特別なご利益などない。だから、何かを期待したり頼るようなことがあってはならない。

武帝がやりとりの最後に「我に対しているお前は何者だ」と問い詰めると、達磨は「知らんよ」といって去っていったという。

◎【**無得無失**《むとくむしつ》】得ることも失うこともない——臨済（『臨済録《りんざいろく》』）

山僧《さんそう》が見処《けんじょ》に約《やく》せば、無仏無衆生《むぶつむしゅじょう》、無古無今《むこむこん》、

得《う》る者《もの》は便《すなわ》ち得《え》、時節《じせつ》を歴《へ》ず。

無修無証《むしゅむしょう》、**無得無失**《むとくむしつ》、一切時中《いっさいじちゅう》、更《さら》に別法《べっぽう》無《な》し。

設《たと》い一法《いっぽう》の此《これ》に過《す》ぎたる者有《ものあ》るも、我《わ》れは説《と》かん如夢如化《にょむにょけ》と。

現代語訳　わしの見地で言えば、仏も衆生もなく、過去も現在もない。得たものはもとからあるものであり、長い修行の時間を経て得たものではない。修行すべきものも悟るべきものもない。**得たということも失うということもない**。いかなる時においても、自己一枚だ。これ以外の法はない。例えこれより優れた法があったとしても、わしはそんなものは夢か幻のようなものだと断言する。

臨済は、仏性はもともと自己に具わっているのだから、修行によって得たり失ったりするものではない。求めて新たに得るものではなく、本来自己に具わる仏性に気付くだけであるとした。

また生き生きと働いているときは無心になっている。無心とは何もしないことではなく、目の前のことに集中して「三昧」になることである。

◎【明珠在掌《めいじゅざいしょう》】自分の手の中を見てみよ――金剛経《こんごうきょう》（『碧巌録《へきがんろく》』）

明珠《めいじゅ》は掌《たなごころ》に在《あ》り。

現代語訳　真に大切なもの（明珠）はどこか遠くを探すものではない。それは自分の手の中にある。

「**明珠は掌に在り**」は美しい表現である。大切なもの（明珠）は自分の手のひら（掌）にある。仏性は自分の内にあるから、後はそれに自分で気付けばいいという一貫したメッセージがここでも語られている。

禅では不立文字《ふりゅうもんじ》（言葉から離れよ）というが、実際に言葉によらないで伝えることは簡単ではない。そこで伝えにくいものを伝えるために、例えば「月を指し示す指」という表現が使われる。既に二項でも述べたが、指（言葉）は月（本質）を指し示しているのであって、指だけを見ていたのでは本質は理解できないという意味。「明珠は掌にあり」も、外にばかり心を向けないで、自分の内にある明珠（仏性）を見よということである。

日本における曹洞宗の開祖・道元は「**仏性はもともと人々の心の中に具わっているもの**

であるが、**修しなかったならば現れてこないし、身に付けなかったならば我がものとはならない。だが、これを会得すれば、それはわが手に溢れて、その数を知らず**」と説いた。

誰でも仏性、すなわち仏の心を持っているが、妄想や執着の塵に埋もれてしまって所在すら忘れてしまったのでは、それこそ宝の持ち腐れである。

◎**【迷道心《めいどうしん》】**自分を棚上げにするな――一休　（『狂雲集《きょううんしゅう》』）

無始無終《むしむしゅう》、我《わ》が一心《いっしん》、不成仏《ふじょうぶつ》の性《しょう》、本来《ほんらい》の心《こころ》。

本来成仏《ほんらいじょうぶつ》、仏《ほとけ》の妄語《もうご》、衆生本来《しゅじょうほんらい》、迷道《めいどう》の心《こころ》。

（一休宗純＝一三九四〜一四八一。室町時代の臨済宗の僧）

現代語訳　ただ一つの私の心は、始めもなければ終わりもない、仏になることもない、本来の心としての自己である。**人は本来、成仏しているというのは、仏陀の方便であって、人は本来、迷道の心を持つ生き物である。**

僧は成仏したい（仏になりたい）と思うし、私たちもできることなら仏になりたいと思う。しかし、「**迷《めい》悟《ご》一如《いちにょ》**」、迷いがあるからこそ悟れるという禅語があるように、「全く迷わない心」というのは想像がつかない。「悟り」を求めるのであれば、同じくらいに「迷い」を自覚することが求められる。一休も、仏になるというのは、本来の心に気付くことであり、そのためには人は迷いの心を持つ生きものだということを自覚することが大切であると説いている。

一休は「**釈迦といふいたづら者が世にいでておほくの人をまよわするかな**」と詠んだ。もちろん釈迦はいたずらをしたわけではないが、悟りや仏を求めてばかりいて、迷い続ける自分を見つめないということが起こり得る。これがエスカレートすると、例えば大仏を拝むというかたちで、自分のことを棚上げにして、御利益だけをお願いすることになる。いわば偶像崇拝になってしまい、自分を省みなくなる。一休は敢えて釈迦をいたずら者に仕立てることで、こうならないようにと戒めた。

自分を見つめることで、自分は今迷っているなとか、欲に駆られて動いているなとかいうことが分かれば、その時点で、自分を見つめているもう一人の自分ができている。例えば興奮状態のときは「我を忘れて」いるが、「もう一人の自分」が「自分」が興奮していることに気付くと、スーッと興奮が冷める。「迷っている自分を見つめる自分」がいることで、心が迷いに占領されてしまうことから逃れられる。これが「迷悟一如」である。

◎【やすき道】あなたはもうできている──道元（『正法眼蔵《しょうぼうげんぞう》』）

仏《ほとけ》となるに、いとやすきみちあり。

もろもろの悪《あく》をつくらず、生死《しょうじ》に著《じゃく》するこころなく、

一切衆生《いっさいしゅじょう》のために、あはれみふかくして、上《うえ》をうやまひ下《した》をあはれみ、

よろづをいとふこころなく、ねがふ心《こころ》なくて、心《こころ》におもふことなく、うれふることなき、これを仏《ほとけ》となづく。又《また》ほかにたづぬることなかれ。

現代語訳　仏となるには、ごくたやすい道がある。それは、諸々の悪事をしないこと、生死に執着する心のないこと、生きとし生けるものにあわれみを深くし、上をうやまい、下をあわれみ、なにごとにも厭《いと》う心を持たず、願う心もなく、つまり心に思うこともなく、憂うることもなくなった時、それを仏と名付けるのである。その他に仏を求めてはならない。

仏になる（悟りに至る）にはこういう簡単な道がありますよと道元が説いている。道元は決して難しいことを求めていない。悪事をしないこと、生死に執着する心がないこと、生きとし生けるものを憐《あわ》れむこと、上を敬い、下を憐れみ、何事にも厭う心がないこと。そのようにあることができたなら、「仏の御いのち」を失うことはないと説いている。

悪事をしないことは、日本人なら普通に出来ることだし、上を敬い、下を憐れむこともできる。期待しすぎたり、心配しすぎたり、嘆いたりすることがないようにバランスを保つことができたら、これぞ仏と言えると言われると、手が届きそうな気がする。悪いことをせず、執着せず、慈悲深く、人を敬い、嫌わず、願わず、頭で考えず、心配しないことで仏になると聞かされて、そんなはずはない、仏とはもっと高尚な何かがあるはずだなどと思ってはならないと道元は言いたかったのであろう。

日常をしっかり営み、落ち着いて暮らし、死ぬべき時は死ぬのだから生きている間の時間をしっかり生き切り、最後に従容として死を迎えることができたなら、これほど幸福なことはない。

道元は厳しい修行をした人というイメージがあるが、十四歳のころすでに、皆それぞれに仏性というものがあるのに、なぜこれほど厳しい修行をしなければいけないのかという疑問を持っていたという。中国に渡って、あちこちの寺を回って尋ねたが、誰も答えられない。ところが帰国する寸前に出会った天童山の如浄禅師の適切な接化《せっけ》指導により、大悟徹底することができた。

なお、道元禅師の大悟（身心脱落）等に関しては、46頁を参照のこと。

◎【柳緑花紅《りゅうろくかこう》】それぞれが自分の色を持っていてよし──蘇東坡《そとうば》（『東坡禅喜集《とうばぜんきしゅう》』）

（蘇東坡は春の景色を詠じた）

柳《やなぎ》は緑《みどり》、花《はな》は紅《くれない》、真面目《しんめんもく》

（蘇東坡＝蘇軾《そしょく》。一〇三七～一一〇一。中国・宋代の政治家、詩人、書家）

現代語訳　柳は緑、花は紅、自己顕示することなく、ただ本来のありのままの姿である。

柳が新緑の枝を垂らし、花が紅に咲き誇っている。大昔から繰り返されてきた春の景色。ただそれだけのことに蘇東坡は「真面目」と感動した。真面目とは「本来の姿・ありさま」のことで、転じて「真価」という意味がある。

春の定番であり象徴である柳は緑、花は紅を、ありのままに受けとめ、そこに真価を見出す。蘇東坡が敢えて「真面目」と呼んだのは、人は往々にして先入観や固定観念から対象に真価を見出せずにいる。だから、心をまっさらにして見てみようではないかということだ。これは「禅」の心そのものだ。

一休禅師も**「見るほどにみなそのままの姿かな柳は緑花は紅」**と詠んでいる。

(二) 禅の用語

禅の用語を禅仏教の観点からほぼ網羅的にまとめたものである。曹洞宗と臨済宗(黄檗《おうばく》宗《しゅう》を含む)の禅の用語を一つにまとめたことによる差し障りがないわけではないが、両者は唐土六祖慧能《えのう》までの源流が同系であることからその本質において大きく異なるところはないものと思量する。なお、同じ意味の用語が複数散見されるがその都度別の視点から重複解説したものもある。

(五十音順)

【ア】

◎**網代笠《あじろがさ》**:行脚《あんぎゃ》や托鉢《たくはつ》のとき用いる笠のこと。

◎**阿羅漢**《あらかん》：羅漢は略称。一切の煩悩を断滅し、なすべきことを完成した人。

◎**行脚**《あんぎゃ》：正しい仏法を自分のものにするために、師を求めて諸方を遍歴すること。

◎**安居**《あんご》：釈尊の時代に、インドでは一所不住を旨とする僧侶も、夏の雨季には生物の活動が盛んなので殺傷を避けるため遊行せず、一か所に定住して修行に励んだ。それを安居といい、その場所を精舎といった。現在日本の僧堂では、年中「安居」であるから、夏に限らず一年を二期に分け、二月から七月までを夏安居《げあんご》（雨安居《うあんご》）、八月から一月までを冬安居（雪安居《せつあんご》）といっている。なお、安居の始まりを結制（開講）、終わりを解制《げせい》（講了）という。

◎**行者**《あんじゃ》：禅院で雑務を行う者。僧形ではあるが未だ出家得度しておらず正規の僧ではない者。禅門では中国の六祖慧能が行者の身で印可を受けた話が有名。修行者も行者というがこの時は「ぎょうじゃ」と読み区別する。

◎**安単**《あんたん》：自分の坐禅する場所（単）に着座すること。

◎**行履**《あんり》：日常の起居動作一切の行為。また禅僧の修行の様子や行状を指す場合もある。行住《ぎょうじゅう》坐臥《ざが》すべての行為が修行と直結しているからである。

◎**行録**《あんろく》：祖師の行状を記した記録。

◎**石盥《いしだらい》**：洗面、手洗いのための用水入れ。豆柄杓《まめひしゃく》に一杯の水で口をすすぎ、顔を洗わなければならないことになっている。
◎**韋駄天《いだてん》**：禅寺の建物、修行僧、食物を守る神。庫裡《くり》や台所の近くに安置される。
◎**一夏《いちげ》**：僧堂での修行生活は半年が一単位となっており、これを一夏という。
◎**一炷《いっちゅう》**：炷というのは、もともと線香などを数える数詞に添える語で、香の一くゆりという程の意。現在では線香の一本の燃え尽きる時間、約四十分を一炷という。
◎**維那《いの》**：「いのう」ともいう。修行僧を統括する役目を持つ僧。特に、読経を導き回向を行う役割を持つ僧をいう。
◎**印可《いんか》**：仏陀が相手を認めること。転じて禅門の師家《しけ》が弟子の悟境を点検して認めた時に与える証明。師の衣鉢を継いで、師家となる資格を持つことを意味する。
◎**引磬《いんきん》**：読経の際に打つ、手持ちの鳴らしもの。僧を導く合図にも用いられる。
◎**隠侍《いんじ》**：師家に直接つかえ日常の世話をする侍者。
◎**因地《いんち》**：「因位《いんい》」ともいう。悟りを目指して修行する段階のこと。この期間の修行を因地法行という。なお、悟りを得た状態を果地《かち》という。
◎**陰徳《いんとく》**：「陰事行《いんじぎょう》」ともいう。人知れず大衆のためになることをして、徳を積み心力を蓄えること。

◎**隠寮**《いんりょう》：専門僧堂の師家の居住場所をいう。また、住職を退いて隠居した禅僧が生活する場所を指す。

◎**烏栖沙摩明王**《うすさまみんのう》：不浄を転じて清浄にする徳をもつ神といわれ、東司《とうす》（便所）の守り神として祀られる。

◎**うどん供養**《くよう》：うどんをふるまうこと。食事の時は一切音を立ててはならないが、このうどんをすする音だけは例外的に許容されている。

◎**雲水**《うんすい》：「雲衲《うんのう》」ともいう。禅の修行者のこと。元は雲や水の如く何物にもとらわれない悠然たる姿をいい、そこから諸国を漂泊して師を求めて歩く禅の修行者を指すようになった。「行雲流水」の略ともいわれる。

◎**雲板**《うんぱん》：「雲版《うんぱん》」ともいう。禅寺の庫裡《くり》などに掛けられている唐金製の板。火除けの意をこめて雲をかたどっているのでこの名がある。開静《かいじょう》（起床）や粥飯《しゅくはん》（食事）の合図に打ち鳴らす。

◎**会下**《えか》：一人の師家のもとに教えを求め集まった修行者の総称。既に僧堂を巣立った人たちも含めていう。「会中」「門下」と同義。また、茶道等でいう「社中」に同じ。

◎慧業《えぎょう》：「慧行」ともいう。慧は智慧の意。悟りの智慧を磨く修行。またその実践。仏教では持戒・禅定・智慧の三学を順に学ぶことを主眼とするが禅ではこれらを等しいとみなし、禅定の中にすべてを含ませる。

◎回向《えこう》：廻転趣向の略。善根功徳を行って衆生に施すこと。一般には法要、誦経《じゅきょう》などをして亡者を仏道に入らせることをいう。

◎衣鉢《えはつ》：修行者が常に持参している三衣（袈裟）一鉢（食器）のことで、僧の持ち物の中で最も重要なもの。転じて宗旨、奥義のことをいう。また、伝法のしるしに師の袈裟と鉄鉢を弟子に授けることから、法を伝えることを「衣鉢を伝える」という。

◎園頭《えんじゅ》：「園主」ともいう。禅寺の菜園の管理者。持者寮が兼ねる場合が多い。この畑で雲水が働くことを特に園頭作務《さむ》という。

◎延寿堂《えんじゅどう》：病僧寮のこと。

◎円成《えんじょう》：円満に成就すること。十二分に成果を上げて終わること。

◎円相《えんそう》：「一円相」ともいう。真如・実相などの真理を象徴し、また一転して画餅《がべい》と見たりする。禅僧は払子《ほっす》などで空中にこれを描き、また墨蹟でこれを揮毫《きごう》することが散見される。

◎**応化**《おうけ》‥「応化利生」ともいう。仏・菩薩が衆生済度のために姿を変えて現れること。特にその時々の衆生の時・処・位に最も適した姿になることをいう。またそのためにこの世に仮現している仏・菩薩のことを指す場合もある。

◎**大四九**《おおしく》‥十四日と晦日《みそか》のこと。この日は朝日の射すまで寝忘れ（朝寝）ができ、剃髪後、半日がかりで大掃除をする。午後は私用外出することもできる。

【カ】

◎**開悟**《かいご》‥悟りを開くこと。

◎**開単**《かいたん》‥修行道場を開創すること。

◎**開枕**《かいちん》‥「解定《かいちん》」ともいう。寝具をのべて寝ること。「開被安枕《かいひあんちん》」（蒲団を敷いて枕を安ずる意）の略。実際には雲水は枕は用いない。臨済宗の僧堂では「解定」の字をあてる。

◎**灰頭土面**《かいとうどめん》‥頭が灰に、顔が土にまみれる如く、汚れを厭《いと》わず俗世間に入って衆生を済度するさま。

◎**開板**《かいはん》‥夜明け、日没に板を打って、消灯、点灯の時間を告げること。障子に映る手の影が肉眼で見える見えないが目安とされる。

◎開浴《かいよく》：浴室を開いて入浴すること。原則として四九日にある。
◎加担《かたん》：「加役」ともいう。本山などで開山忌などが行われるとき、役配を受け手伝うこと。また一般に手伝うの意。荷担とも書く。
◎喝《かつ》：原意は大きな声でいうこと。叱りつける時や激励する時など、様々な場合に用いられる。これが転じて引導法語等を唱えた後に鋭く一喝するのを通例とするようになった。
◎掛搭《かとう》：袈裟と食器の入った衣鉢袋を僧堂の単の壁又は竿《さお》に掛けること。これが転じて僧堂に籍を置いて修行すること。錫杖《しゃくじょう》を掛ける意で掛錫《かしゃく》ともいう。
◎家風《かふう》：家の習わし。その家で世々相伝えている風習、あるいは雰囲気のこと。転じて禅宗では指導者が修行者に対してとるおのおの独自の指導法。
◎監院《かんいん》：寺院のすべての事務を総監する役割を持つ僧。
◎看経《かんきん》：本来は声に出さずに経文を読むことをいったが、転じて仏前で経文を読むことを指すようになった。諷経《ふぎん》・誦経《じゅきょう》と同意。
◎喚鐘《かんしょう》：参禅の際に師家《しけ》の待つ室の外で修行者を呼ぶために打つ小型の鐘。
◎監寺《かんす》：官命を受けて寺院の監視のために派遣された僧官を指すが、禅宗では監院と同義に用いられる。現在は住職の代行として事務を司る僧を指すことが多い。

◎款接《かんせつ》：本山行事のときに、信者や参拝客を接待したり、給仕したりする係。

◎監頭《かんとう》：食事の際、読経を導くなど、監督をする役割を持つ僧。

◎看話禅《かんなぜん》：話《わ》とは公案のことで、看話《かんな》とは公案を工夫すること。看話禅とは公案を一つ一つ解いて次に進み、大悟徹底を目指す形式の禅を指し、機関禅・梯子禅ともいわれる。「只管打坐《しかんたざ》」を掲げ、公案を用いない曹洞宗の禅（黙照禅《もくしょうぜん》）に対し、公案参究を手段とする臨済宗の禅をいう。

◎看板袋《かんばんぶくろ》：僧堂名を染め抜いた頭陀袋《ずだぶくろ》のこと。

◎勘弁《かんべん》：禅僧が修行者の力量、素質を試験すること。

◎合掌《がっしょう》：両手を合わせ、十指を揃えて、相手への尊敬の念を示すこと。

◎帰院《きいん》：「帰山」ともいう。僧院に戻ること。

◎亀鑑《きかん》：修行の手本、模範となることが書かれている祖録のこと。

◎規矩《きく》：修行僧が守らなければならない規則。

◎喜捨《きしゃ》：施すこと。浄財を喜んで施すこと。捨には報いを求めないという意が込められている。

◎起単留錫《きたんりゅうしゃく》：起単は僧堂から転出すること。留錫は僧堂に残留すること。一夏《いちげ》が終わると雲水は役位の前に呼び出され、起単《きたん》か留錫《りゅうしゃく》かを問われる。

◎**脚下照顧**《きゃっかしょうこ》：足元を見よ、の意であるが、悟りを外に求めず、自分の内に見出すべきことを求める。禅寺の玄関などに記して修行者の注意を促す。「看却下《かんきゃっか》」と同義。

◎**久参**《きゅうさん》：旧参、又は古参ともいい、長い間参禅修行をすること、またその人を指す。

◎**旧随**《きゅうずい》：すでに僧堂を出た僧で、現役中に評席をしていたものをいう。

◎**饗応**《きょうおう》：檀信徒から馳走をふるまわれること。

◎**境界**《きょうがい》：修行で得られた境地、心の状態。

◎**警策**《きょうさく》：坐禅中に用いて眠気を覚ますなど、修行僧を激励するために使われる主に樫材で出来た棒。「警覚策励」を略した言葉。曹洞宗では、「きょうさく」と読み、臨済宗では、「けいさく」と読む。

◎**禁葷酒肉**《きんくんしゅにく》：葷酒《くんしゅ》とは、葱《ねぎ》や韮《にら》などのように臭気の強い野菜と酒を指し、精進を旨とする禅寺では、葷酒や肉は食事に用いない。古来「不許葷酒入山門」（くんしゅさんもんにいるをゆるさず）の字を刻んだ石柱を山門に立て、修行者の放逸《ほういつ》を戒めた。

◎**経行**《きんひん》：経は縦糸。真っすぐ行って真っすぐ帰るの意味で、修行者が坐禅の時、眠気や退屈を防ぐため僧堂の回りや廊下を一斉に歩くことをいう。曹洞宗では緩歩《かんぽ》し、臨済宗では速歩《そくほ》する。

◎**疑団**《ぎだん》：修行中に起こる宗教上の疑問。

◎**暁　鐘**《ぎょうしょう》：明け方を知らせる鐘。

◎**行道**《ぎょうどう》：誦経《じゅきょう》しながら堂内を巡ること。

◎**行　鉢**《ぎょうはつ》：禅林の規則（清規《しんぎ》）に従って鉢などを用いて食事を行うこと。禅院においては粥を食するにも様々な作法がある。

◎**庫裡**《くり》：台所のこと。

◎**袈裟文庫**《けさぶんこ》：機能的には、袈裟行李《けさごうり》や袈裟袋と同義。雲水が行脚《あんぎゃ》中に携帯する荷物入れ。中には袈裟を入れ、その前に、持鉢、経本、剃刀を包んだ風呂敷包みを結わえ付ける。

◎**懈怠**《けたい》：懈《け》は怠る、緩むの意で、なまけ、怠ることをいう。僧堂によっては定められた休日や臨時の休みを懈怠と呼ぶ場合もある。「怠惰」と同義。

◎**結縁**《けちえん》：仏法によって縁を結ぶこと。又は仏法によって結ばれた縁。

◎**結跏趺坐**《けっかふざ》：坐禅の坐法の一つ。左右の足の甲を、反対側の太腿《ふともも》の上に交差して乗せる形。これに対して片足だけを乗せるのを半跏趺坐《はんかふざ》という。

◎**見解**《けんげ》：「見処」ともいう。公案についての自らの見解。自らの禅的境地。

◎**見性**《けんしょう》：「開悟」ともいう。修行によって自らの仏としての本性が明らかになること。
◎**検単**《けんたん》：禅堂の師家《しけ》や責任者が修行僧の坐禅の様子を点検すること。「単」は坐禅をする場所のこと。
◎**倹追**《けんつい》：倹は金ばさみ。追は金づち。いずれも鍛冶が鍛錬に用いる道具であるが、転じて師家が修行者を鍛錬すること。
◎**軒鉢**《けんぱつ》：一軒ずつ軒並みに托鉢《たくはつ》すること。
◎**偈**《げ》：「偈頌《げじゅ》」ともいう。仏徳を讃えたり自らの悟りの境地を表明するために作られた詩句。五字あるいは七字を一句とし、多くは四句をもって一偈《いちげ》とする。
◎**解脱**《げだつ》：煩悩の束縛から解き放たれること。悟りを開くこと。
◎**玄関**《げんかん》：玄妙なる仏道に入る関門。転じて公案、禅門に入ること。
◎**現成**《げんじょう》：眼前に現れている、すべての存在のありのままの姿。
◎**現成公案**《げんじょうこうあん》：目の前に現れている様々な現象すべてが真理そのものであるということ。
◎**公案**《こうあん》：悟りに導くために、修行者が与えられる問題。経典や語録から抽出された修行者の規範をまとめたもの。
◎**更衣**《こうえ》：禅僧の衣替えのこと。六月一日には夏用の麻衣、十一月一日には冬用の木綿衣に衣替えする。

◎講座《こうざ》：「提唱《ていしょう》」ともいう。師家が語録、公案などを説くこと。

◎交代《こうたい》：役位の交代をすること。安居《あんご》ごとに役位が振り当てられる。

◎高単《こうたん》：単の順位が高いこと。禅堂では掛搭《かとう》した順に単（座る場所）が与えられるので、すなわち古参の修行者の意となる（高単、中単、末単の順）。

◎口頭禅《こうとうぜん》：口先だけの禅のとらえ方。全身で体得した悟りではなく、知識だけでとらえた応用のない禅を指す。

◎香盤《こうばん》：坐禅する時間をはかるための線香を立てる香台のこと。直日《じきじつ》がこの香盤を預かり管理するので、直日のことを香盤辺《こうばんへん》という。

◎告報《こくほう》：役位よりの通達、又は訓示。

◎居士《こじ》：仏道を修行する在家の男子。出家せず在俗のままで深く禅を信奉し、精進して護法活動を行ずる男性を指す。正確には受戒を条件とする。一方女性の場合は「大姉《だいし》」という。

◎己事究明《こじきゅうめい》：一大事を究め尽くすこと。

◎古則《こそく》：仏祖の言葉、行いで修行者の手本になる法則。

◎**乞食行**《こつじきぎょう》：托鉢《たくはつ》のこと。

◎**昏鐘**《こんしょう》：日没を知らせる鐘。

◎**御案内**《ごあんない》：大接心中などに、まだ解答を見出せない新参者を、無理矢理に参禅に駆り立てる荒療治のこと。

◎**五山文学**《ござんぶんがく》：鎌倉時代末期から室町時代末期にかけて、京都の五山・十刹《じっさつ》における禅僧たちが起こした漢文学。本来の偈頌《げじゅ》や法語に加えて文学的詩文も作られ、日本漢文学史上の黄金期を築いた。三期に分けられ、代表的禅僧に虎関師錬《こかんしれん》・義堂宗信《ぎどうしゅうしん》・絶海中津《ぜっかいちゅうしん》などがいる。

◎**五体投地**《ごたいとうち》：五体、すなわち両手両足及び頭を地に付けて仏を礼拝すること。

◎**後門**《ごもん》：禅堂の後入口のこと。二便往来など個人的に出入りする場合は後門を用いる。

◎**後門辺**《ごもんへん》：侍者寮のこと。後門近くに坐るのでこのように言われる。

◎**語録**《ごろく》：古来の様々な禅僧の言行をまとめたもの。

◎**勤行**《ごんぎょう》：誦経《じゅきょう》すること。

【サ】

◎**菜器**《さいき》：野菜、特に漬物を入れて供給する器。

◎**細行**《さいぎょう》：細かな行事や些細な行為。着衣《ちゃくえ》・喫飯《きっぱん》・作務《さむ》などを指していう。特に禅寺ではこれらを疎《おろそ》かにせぬことが求められる。

◎**斎座**《さいざ》：昼食のこと。原則として正午までに摂る。

◎**差定**《さじょう》：諸行事の次第や配役を決めること。また、掲示のこと。

◎**生飯**《さば》：迷いの世界にいる衆生に施す飯。食事を始める前に右手の拇指と薬指とを用いて七粒程度の粥や飯をとり、左掌の上で三巡して飯台の上に置いて供える。

◎**作務**《さむ》：坐禅や勤行などの他に、掃除や畑仕事など禅寺における労働のことをいう。特に禅宗では作務を重要な修行の一つとする。上下とも力を均しくすることから、もとは普《ふ》請《しん》と称した。

◎**茶礼**《されい》：禅宗における儀礼として茶を飲むこと。朝夕二回の茶礼は点呼の意味もあり、この時に一日の行事や作務の割り振りが通達される。

◎**参究**《さんきゅう》：師の下に親しく参禅して一大事を究めること。

◎**参禅**《さんぜん》：修行僧が師家《しけ》の待つ室内に一人で入って、与えられた公案に対する自らの見解を呈すること。

◎**参禅弁道**《さんぜんべんどう》：師の下で坐禅修行を行い、公案工夫に努めること。弁道とは道をわきまえる意で、仏道に精進することをいう。

◎**参堂**《さんどう》：庭詰、担過詰を済ませて僧堂に入ること。

◎**三応**《さんのう》：「隠侍《いんじ》」ともいう。専門僧堂の師家に仕えて一切の世話をする役。

◎**三応寮**《さんのうりょう》：「隠侍寮」ともいう。三応の詰める役寮のこと。

◎**三仏忌**《さんぶつき》：釈尊の降誕会（お生まれになった四月八日）、成道会《じょうどうえ》（お悟りを開かれた十二月八日）、涅槃会《ねはんえ》（亡くなられた二月十五日）のこと。

◎**三昧**《さんまい》：「等持」ともいう。梵語サマーデイの音写語。こころを集中させること。成り切ること。坐禅三昧とは、他のことは一切考えずに、坐禅に没頭することをいう。

◎**坐具**《ざぐ》：仏祖を礼拝するとき、これをのべて敷き、その上で五体投地の礼拝をする。平常は折りたたんでおく。

◎**坐香**《ざこう》：坐禅の時間をはかるのに用いる線香。

◎**坐蒲**《ざふ》：曹洞宗で、坐禅の姿勢を整えるために尻の下に敷く円形の敷物。

◎**暫暇**《ざんか》：禅院で止むを得ない所用のため、しばらくの間暇を乞うこと。現在では、大事《だいじ》了畢《りょうひつ》せぬまま僧堂を下山することを「永暫」等と称する。

◎**知客**《しか》：専門僧堂への来客の接待に当たる役。また、僧堂全体を取り締まる役。

◎**知客寮**《しかりょう》：僧堂の役寮の一つ。客司《かくす》ともいい、知客が住する場所また、知客その人を指す。

◎**只管打坐**《しかんたざ》：曹洞宗の禅法を指す。只管とはひたすらの意で、ひたすら坐禅すること。何の条件も求めず、三昧の境地で坐禅を行うこと。

◎**四九日**《しくにち》：四と九のつく日。この日は剃髪と入浴を行う。

◎**師家**《しけ》：修行経験豊かで、師としての学徳、力量を有し、修行僧の指導に当たる禅僧のことで、師について入室参禅し、印可を得て始めて師家と称することができる。

◎**師家分上**《しけぶんじょう》：僧堂の老師（師家）となる資格のある禅僧。印可を受けていることを条件とする。

◎**師資相承**《ししそうじょう》：師匠から弟子に法を伝えること。

◎**止静**《しじょう》：寂静に止住させるの意で、坐禅の始まりをいう。対して坐禅の終わりを開静といい、止静から開静まで、禅堂は出入りを許されず、専一に坐禅を行う。

◎**七堂伽藍**《しちどうがらん》：禅宗寺院における仏殿、法堂《はっとう》、僧堂、庫裡《くり》、山門、浴室、東司《とうす》のこと。

◎**竹篦《しっぺい》**：師家《しけ》の持つ象徴的な法具の一つ。長さは約一メーター位で割竹を曲げ、藤を巻き漆を塗って作る。曹洞宗では主に法戦式《ほっせんしき》において首座《しゅそ》が用いる。

◎**嗣法《しほう》**：「法嗣《はっす》」ともいう。師匠から禅宗の正しい仏法を受け継ぐこと。

◎**叉手《しゃしゅ》**：禅林における礼法の一つ。右手を外側にして両手を胸の前で重ねる形。禅僧は歩行の時や静止している時などは必ずこれを保つ。

◎**宗匠《しゅうしょう》**：「そうしょう」とも読む。禅宗における指導者。一派を代表するほどの力量のある人。転じて茶道・華道等の指導者にも用いる。

◎**宗風《しゅうふう》**：一つの宗の家風。また、禅僧の独特の個性をいう場合もある。

◎**手巾《しゅきん》**：雲水が衣の上から腰のあたりに締める紐《ひも》のこと。

◎**粥座《しゅくざ》**：禅院での朝食のこと。禅院においては、必ず修行者は朝、粥を食べるためこの名が付いた。

◎**主杖《しゅじょう》**：行脚《あんぎゃ》などの際に用いる杖。

◎**出頭《しゅっとう》**：行事・儀式などで本堂に出席すること。

◎**衆評《しゅひょう》**：僧堂の運営などについて役位が集まって打ち合わせをすること。

◎**守夜《しゅや》**：就寝時間に行う夜回り。防災と防犯の点検をしながら境内を一巡する。

◎**相見**《しょうけん》：相い会うこと。禅宗においては師と弟子が一体となることを意味し、転じて現在では住職や師家と面会することにも用いる。

◎**聖侍**《しょうじ》：禅堂に祀られている文殊菩薩の世話係。また堂内大衆の世話係。侍者と同義。

◎**聖僧**《しょうそう》：禅堂の中央に祀られる文殊菩薩の僧形像。知恵の象徴として雲水が修行の理想とする。

◎**聖胎長養**《しょうたいちょうよう》：聖胎とは如来像に同じ。仏となるべき肉体。長養はそれを増長養成すること。特に禅宗では悟後の修行、つまり大事了畢《だいじりょうひつ》の後、そこに止まることなく、大衆に交じって更に精進を続けることを指していう。

◎**真威儀**《しんいぎ》：「本威儀《ほんいぎ》」ともいう。僧侶の正式な服装。通常、白衣、白足袋、衣、七条大袈裟を着用する。

◎**清規**《しんぎ》：禅門において衆僧の守るべき規則。唐の百丈慧海《ひゃくじょうえかい》が制定した『百丈清規《ひゃくじょうしんぎ》』は、今も禅門で生きている。日本では道元禅師の『永平大清規《えいへいだいしんぎ》』や清拙正澄《せいせつしょうちょう》の『大鑑禅師《だいかんぜんじ》小清規《しょうしんぎ》』無著道忠《むちゃくどうちゅう》の『小叢林略清規《しょうそうりんりゃくしんぎ》』などがある。

◎**辛参**《しんさん》：辛い参禅修行。苦労して修行すること。また師家の接化《せっけ》の手段が悪辣《あくらつ》で厳しいことにも用いる。

◎晋山《しんさん》：新しい住職としてその寺院に正式に入ること。「進山《しんさん》」とも書く。
◎新到《しんとう》：「新参」ともいう。新しく僧堂に入門してきた僧。
◎振鈴《しんれい》：起床の時刻を知らせるのに用いる鈴。
◎直下《じきげ》：ただちに、そのままにの意。少しの余念も交えぬ、単刀直入な様をいう。
◎直日《じきじつ》：もとは一日交代で行う作務《さむ》の当番や、僧堂内の管理に当たる役僧を指した。転じて現在では、禅堂内での坐禅の指導監督をする総取締りの役をいう。
◎食堂《じきどう》：禅寺の中で、僧が食事をする場所。禅堂、浴室と同様、三黙堂の一つ。
◎侍香《じこう》：法式の時に住職に随侍して香台を持つ役。
◎侍者《じしゃ》：禅堂内で雲水が修行に専念できるよう世話をする役。古参の者がこれに当たる。
◎侍者寮《じしゃりょう》：侍者が住する場所、また侍者その人を侍者寮ともいう。
◎持鉢《じはつ》：修行者が携帯する食器。正しくは応量器という。五枚一組で重ね合わせて収納できるようになっている。
◎著語《じゃくご》：「下語《あぎょ》」ともいう。禅語録の本則や偈頌《げじゅ》などに付け加えられた感想の言葉。古則に対して、自らの自由な禅機を込めて付け加える言葉で、『碧巌録《へきがんろく》』や『従容録《しょうようろく》』などでは主要な成分となっている。

◎**頌**《じゅ》：仏徳を讃えたり自らの悟りの境地を表明するために作られる詩句。五字あるいは七字を一句とする形式による場合が多い。なお、「偈《げ》」と合わせて偈頌とも呼ぶ。

◎**巡警**《じゅんけい》：坐禅の時に警策《きょうさく》を持って点検に回ること。また、その役。

◎**常住**《じょうじゅう》：食事担当の典座《てんぞ》、法要等担当の殿司など、僧堂内で様々な日常的職務を担当する役の総称。

◎**承当**《じょうとう》：領解《りょうげ》、会得すること。宗旨を正面から引き受け、引き継ぐこと。また一般には責任を持って担当することをいう。

◎**上堂**《じょうどう》：師家《しけ》が法堂《はっとう》に上がって修行者に説法すること。

◎**除策**《じょさく》：接心明けの日などに、警策の使用がなされないこと。

◎**垂誡**《すいかい》：師家の訓示。

◎**垂示**《すいじ》：「示衆《じしゅ》」・「垂語《すいご》」ともいう。師家又は住職が弟子や大衆に教えを説き示すこと。また語録の本則を提示する前の冒頭の一章を指す場合もある。例えば『碧巌録』は垂示・本則・著語《じゃくご》・頌古《じゅこ》・評唱からなっている。

◎**数息観**《すそくかん》：「すうそくかん」とも読む。坐禅の際、自分の呼吸を数えて精神を集中する方法。

◎**随喜**《ずいき》：他人が功徳を積むのを見て、我がことのように喜ぶこと。転じて、賛成・助力、尽力などの意に用いる。随喜参加する――など。

◎**随機化誘**《ずいきけゆう》：随機とは機根に随うことで、相手の知能・性格・力量、またおかれた状況に応じて指導すること。化誘とは仏道に導くこと。総じて様々な手段を用いて人を済度すること。

◎**頭陀袋**《ずだぶくろ》：頭陀とは心身を修め、貪欲などの煩悩を捨てることで、十二頭陀といい十二種の行があるとされる。頭陀行とは特に乞食の行を指し、頭陀行を修する人が、供物等を入れるために首から下げる袋をいう。

◎**制間**《せいかん》：結制と結制との間の休みのこと。

◎**施餓鬼会**《せがきえ》：「水陸会《すいりくえ》」ともいう。悪道に堕ちて飢餓《きが》に苦しんでいる衆生や餓鬼に食物を施す法会のこと。

◎**接化**《せっけ》：師家《しけ》が修行者を親しく教化指導すること。

◎**接心**《せっしん》：「摂心」とも書く。心を集中させること。また集中的に坐禅修行を行うことを接《せっ》心会《しんえ》という。釈尊が成道した故事に因んで十二月一日から八日までの一週間、不眠不休で坐禅三昧の生活をする臘八大接心《ろうはつおおぜっしん》が有名だが、これ以外にも地取りや練り返しなど、大小様々な接心会がある。

◎**折水器**《せっすいき》：食物の残物、残水を捨てる器。正しくは持鉢を洗った残りの水を棄てる器をいい、半分を飲み、半分を棄てるために折水という。

◎**遷化**《せんげ》：僧侶の死をいう。衆生の化導《けどう》を地獄や極楽など他の世界に遷す意。類似語に示寂《じじゃく》があり寂滅を示すこと。これも仏・菩薩・僧の死を指す。

◎**洗鉢**《せんぱつ》：食事が終わって鉢を洗うこと。

◎**専門道場**《せんもんどうじょう》：坐禅修行を専門に行う場所。僧堂・禅堂・叢林と同義。

◎**禅機**《ぜんき》：機とは働きのこと。禅修行の結果得た力量による禅的な働きをいう。

◎**禅定**《ぜんじょう》：心が静かに定まった状態。

◎**禅堂**《ぜんどう》：坐禅、睡眠を行う道場。狭義の僧堂と同じ意味。

◎**総参**《そうさん》：参禅には独参と総参の二種がある。独参は、修行者が一人で参禅に向かうことであり、総参は修行者が揃って参禅することである。

◎**総茶礼**《そうざれい》：雲水が一同に会して茶礼を行うこと。

◎**僧堂**《そうどう》：聖僧堂の略で、禅門における修行の根本道場のこと。曹洞宗と臨済宗で多少異なるが、雲水が起居し、専一に仏道修行を行う場であることに変わりはない。

◎**叢林**《そうりん》：「禅林」ともいう。僧堂のこと。樹と樹が叢《むらが》り、相競って天に伸びようとするように、修行者が互いに切磋琢磨するところから、かくいう。
◎**尊宿**《そんしゅく》：長老。高僧。

【タ】

◎**拆木**《たく》：拍子木のこと。大小二種あって小拆木は禅堂内あるいは飯台座で用いられ、大拆木は禅堂外で用いられる。例えば、薬石《やくせき》の用意ができた時、開浴の時、守夜の時等。
◎**托鉢**《たくはつ》：「行乞《ぎょうこつ》」ともいう。禅宗における重要な修行の一つ。元来鉢を携えて家々を回って歩き、食を乞う行を行ったが、現在では米や大根、金銭などを得て帰ることが多く、近くを回る近鉢《きんぱつ》、遠方まで回る遠鉢《えんぱつ》、片道二十キロ以上も歩く大遠鉢《だいえんぱつ》などがある。
◎**打出**《たしゅつ》：打ち出すこと。真の禅僧を造り上げ、世に送り出すことをいう。優れた人物を育てる時にも使う。
◎**立枯禅**《たちがれぜん》：「文字禅」「理屈禅」と同義でけなす言葉。
◎**塔頭**《たっちゅう》：本来は、寺院内に設けられた高僧の墓所のこと。のちに転じて大本山などの大寺院内にある独立寺院のことを指す。
◎**単**《たん》：禅堂で修行者の坐る場所。「坐って半畳、寝て一畳」ともいうように雲水の生活の場所である。その決められた場所を単位ともいう。また、新しく僧堂を開設することを開単というのは、坐禅を宗旨とするところからきたものである。

◎**旦過詰**《たんがづめ》：専門道場に入門を志願する僧は、すぐに玄関から上がることは許されず、三日間ほど、朝から晩まで大玄関の上り口で低頭して入門を請わなければならない（庭詰）。この庭詰を終わって初めて旦過寮に上がることを許されるが、ここで更に、五日間ほど面壁して詰めなければならないこと。

◎**旦過寮**《たんがりょう》：旦過詰をする部屋。本来は、諸方遊歴の修行者が禅院に一夜投宿する部屋のこと。夕方に到着して、朝（旦）に去るのでこの名がある。

◎**単票**《たんぴょう》：禅堂内の自分の坐る単の上方に掛けられた名札。

◎**単蒲団**《たんぶとん》：「柏蒲団」ともいう。臨済宗で用いる、坐禅をするための蒲団。長いものを折り曲げて使用する。

◎**大疑団**《だいぎだん》：大疑とは大きな疑い。団はそのかたまり。仏道修行を成就するにはまず人生への大きな疑問を起こし、それを解決することが要求される。

◎**大根鉢**《だいこんはつ》：僧堂で漬物に用いる大根を托鉢して歩くこと。

◎**大悟**《だいご》：「たいご」とも読む。悟ってもその悟りに定住することなく、悟りを超越する悟りを大悟という。大は大小の大ではなく、包含して余すところがないという意。また悟りの段階を指していう場合もあり、「大悟数回、小悟その数をしれず」などという。

◎**大悟徹底**《だいごてってい》：「大事了畢《だいじりょうひつ》」ともいう。大悟すること。大悟して余すことがないこと。前述の道元禅師の大疑が大悟に至ったとおり、大疑によってもたらされる。

◎**抽解**《ちゅうかい》：元来は衣、袈裟を抽解《とく》する意。転じて現在では坐禅と坐禅の間の短時間の休憩時間を指す。

◎**朝課**《ちょうか》：朝の勤行《ごんぎょう》。

◎**調身**《ちょうしん》：坐禅の際、身を調えること。

◎**調心**《ちょうしん》：坐禅の際、心（精神）を調えること。

◎**調息**《ちょうそく》：坐禅の際、呼吸を調えること。

◎**頂相**《ちんそう》：祖師の半身又は全身の画像。古来禅家では、嗣法の証として師匠の半身の像を描かせ、それに賛又は法語を書いて与えた。

◎**痛棒**《つうぼう》：棒喝とは師家《しけ》が修行者を教育するのに、棒で打ったり、大喝を浴びせたりする厳しい接化手段をいい、徳山の棒、臨済の喝といって徳山宣鑑《とくさんせんかん》の棒、臨済義玄《りんざいぎげん》の喝は有名であった。痛棒とは特に手厳しい悪辣《あくらつ》な教化を指していう。必ずしも棒でたたくことではない。

◎**提唱**《ていしょう》：禅宗の宗匠が、修行者に向かって、祖師の語録や古則中より宗要（宗旨）を提起し唱導すること。講座と同義であるが、より専門的な用語。

◎**提制**《ていぜい》：提も制もともに「ひっさげる」の意。師家が修行者を指導し、誘引すること。また工夫参究する意にも用いられる。

◎**低頭**《ていとう》：仏祖・師家に対して、額を地につけて礼拝すること。

◎**剃髪**《ていはつ》：頭髪を剃ること。道場内では四と九の付く日に行う。

◎**貼案**《てんあん》：儀式法要などのとき、来客用に出す特別な献立。

◎**天井粥**《てんじょうがゆ》：「目玉粥」ともいう。朝食に出される粥のこと。時として極端に薄く、水っぽく、天井が映るところからこの名がある。

◎**点心**《てんじん》：簡単な食事、又はその食物のこと。食事を心胸（腹）に点ずるの意。

◎**典座**《てんぞ》：禅院で、僧侶の食事を司る職位をいう。道元禅師が渡宋の折、中国の典座から教えを受けた故事（88～93頁参照のこと）から、曹洞宗では特に重要な役目とされている。

◎**典座寮**《てんぞりょう》：典座の詰める役寮。

◎**典待**《てんたい》：大接心の後や、休日などに、施主が雲水に食事などを供養し、持て成すこと。

◎**典鉢**《てんぱつ》：食事の時、布に包んだ持鉢《じはち》をひろげること。

◎**殿司**《でんす》：「知殿」ともいう。専門道場の法要儀式などを司る役。本来は仏殿のことを司る役。また時報を司る役。加えて僧堂では、開静の振鈴、朝課、またその他の方式を司る。

◎**殿司寮**《でんすりょう》：殿司の詰める役寮。

◎**伝法**《でんぽう》：正しい仏の大法が弟子に伝えられること。

◎**投機**《とうき》：師と弟子との悟りの心が合致すること。

◎**投宿**《とうしゅく》：行脚《あんぎゃ》の僧が寺院に一夜の宿泊をすること。

◎**東司**《とうす》：「東浄」ともいう。禅院における七堂伽藍《しちどうがらん》の一つで、便所を指す。臨済宗が禅堂・食堂・浴室（西司《せいす》）を三黙堂とするのに対し、曹洞宗では禅堂・浴室とこの東司を三黙堂としている。

◎**得度**《とくど》：出家すること。

◎**同夏**《どうげ》：同じ夏に入門した同僚同志のこと。

◎**道号**《どうごう》：仏道に達したものが師から与えられる名前。

◎**同参**《どうさん》：一人の師家《しけ》の下で、ともに学び修行する者同志。

◎**動中工夫**《どうちゅうくふう》：日常の行住坐臥《ぎょうじゅうざが》における動の中で、悟りを求めるための工夫をすること。

◎**堂内**《どうない》：堂内のこと。また禅堂内において、専ら坐禅修行をする雲水のこと。
◎**毒手**《どくしゅ》：師家の修行者に対する悪辣《あくらつ》な指導の手段。肯定的な意味で使う。

【ナ】

◎**入室**《にっしつ》：「入室参禅」ともいう。禅寺において師家が修行者を一人ずつ自分の部屋に入れ、公案の見解《けんげ》や修行の進み具合を点検することをいう。通常は日を決めて行うが、接心中は毎日随時行われる。
◎**日天掃除**《にってんそうじ》：毎日行われる禅院内外の清掃のこと。
◎**二番座**《にばんざ》：食事のとき、雲水衆のための供給などで食事ができなかった者が、全員終了後にとる食事のこと。
◎**二便往来**《にべんおうらい》：二便（大小便）のために禅堂を出ること。抽解中に許される。
◎**二夜三日**《にやさんにち》：新旧役寮の交代が終わって、旧常住員たちに与えられる慰労休暇のこと。二泊三日の外出が許される。
◎**入制**《にゅうせい》：安居《あんご》に入ること。
◎**如法**《にょほう》：定められた法規に合った形で動作すること。

◎涅槃金《ねはんきん》：僧が行脚《あんぎゃ》に出るとき、病気や不慮の死によって他人に迷惑をかけないため、予め袈裟文庫の中に入れておく若干の金銭。葬式をするための金。

◎拈提《ねんてい》：古則公案を修行者に示すこと。また、それに対する見解を示すために工夫参究すること。

◎衲《のう》：衣。また、僧侶の自称。

【ハ】

◎拝敷《はいしき》：住職が礼拝を行うときに用いる敷物のこと。

◎拝請《はいしょう》：礼拝懇請の略。師家《しけ》や長上の僧を迎えること。

◎法嗣《はっす》：師の法を伝えて、その法灯を受け継ぐ弟子のこと。師の印可を受けて伝法する資格を持つものをいう。

◎法堂《はっとう》：七堂《しちどう》伽藍《がらん》の一つ。住持が仏に代わって説法する場所。一般の禅寺での本堂にあたる。

◎飯台看《はんだいかん》：食事の際の給仕をする係。

◎晩課《ばんか》：夕方の勤行《ごんぎょう》。

◎引手《ひきて》：托鉢《たくはつ》などの指導者。

◎**評唱**《ひょうしょう》：祖師や古人による公案や古則に対する批評や感想を述べたもの。

◎**副司寮**《ふうすりょう》：副司とは禅院において住職を助ける六知事の一つで、金銭その他一切の収支を司る役。副寺《ふうす》とも書く。副司が起居する場所が副司寮である。

◎**仏性**《ぶっしょう》：生命あるものが生まれながらにして持っている仏としての本性。

◎**分衛**《ぶんねい》：托鉢と同義。臨済宗で用いる語。

◎**弁道**《べんどう》：仏道に精進すること。

◎**梆**《ほう》：禅院の鳴らし物の一つ。形は龍頭魚身で木を削って作る。昔は浴室の小板であったが、現在は僧堂の露地や斎堂（食堂《じきどう》）に吊るして、時刻を告げるために使われる。

◎**放行**《ほうぎょう》：師家が修行者を指導する手段の一つ。一切を許し与えて、自由に任すこと。転じて、僧堂内の経理における「支出」のことをいう。

◎**放下**《ほうげ》：下に置くこと。捨て去ること。

◎**飽参**《ほうさん》：充分に会得すること。悟りを開いて参ずる必要のなくなること。

◎**放参日**《ほうさんび》：入室参禅のない日のこと。

◎**方丈**《ほうじょう》：寺院内の住職の居間を指す。一丈四方の居室という意味。昔、維摩居士《ゆいまこじ》が一丈四方の部屋に住んでいたという故事に因んでいる。禅宗独自の寺院様式を方丈造りといい、住職を方丈と呼ぶ場合もある。
◎**法幢**《ほうどう》：説法の道場を示す標識。古来インドでは説法を行う際、その印として道場の前に旗を建てた。これを法幢といった。
◎**法鼓**《ほっく》：法要、提唱《ていしょう》などの出頭の合図として用いられる。
◎**法式**《ほっしき》：法要の儀式・作法。
◎**払子**《ほっす》：獣毛を束ねたものに柄をつけた法具。
◎**法戦**《ほっせん》：師家《しけ》と修行者が問答するさまを戦いになぞらえてかくいう。
◎**本則**《ほんそく》：祖師の語録などの本文。基本となる則。
◎**本浴**《ほんよく》：正式な作法にしたがって風呂に入ること。
◎**菩提**《ぼだい》：悟り。悟りの智慧。悟りの境地。また俗に冥福の意にも用いる。

【マ】

◎**三具足**《みつぐそく》：仏前に配置される、香炉・花瓶・燭台の三種類をいう。花瓶・燭台が各一対と香炉一つの五つを五具足という。
◎**明眼悪辣**《めいげんあくらつ》：「みょうげん」とも読む。物事を的確に判断し得る眼をいい、明眼を持った人を明眼人・明眼低人などという。悪辣とは接化手段が厳しく機鋒が鋭いことで、明徹な眼を持った師家で、教導の手段が特に厳しい人のことを指す。
◎**帽子**《もうす》：僧が法式のときに着用する帽子のこと。
◎**黙照禅**《もくしょうぜん》：臨済宗の看話禅《かんなぜん》に対する言葉で、中国・南宋大慧宗杲《だいえそうこう》が曹洞宗の人々の禅を批判していったことに始まる。すなわち、臨済宗のように公案を使わず、ただ黙々と面壁して見返りを求めない立場の曹洞宗の禅（只管打坐《しかんたざ》）を黙照禅という。
◎**文字禅**《もじぜん》：実践を伴わず、ただ文字の上だけで禅を解釈し、理解しようとする禅。坐禅修行を忘れた禅として立枯禅、あるいは理屈ばかりを弄する禅として理屈禅などともいわれる。
◎**問訊**《もんじん》：合掌して、僧堂で前後左右の修行者に礼拝すること。

【ヤ】

◎**薬石**《やくせき》：夕食。正式な食事ではないため、薬と称して摂られる。
◎**野狐禅**《やこぜん》：にせもの禅。野狐はきつね。よく人を化かすことから転じて、真実の参禅弁道をせず、また、悟境にも到達していないのに、いたずらに棒喝を弄《ろう》して、得々としていることをいう。

◎**夜坐**《やざ》：夜中に行う坐禅。消灯後に自らの選んだ場所で独坐する。

【ラ】

◎**絡子**《らくす》：両肩をとおして胸に掛ける小型の袈裟。

◎**領解**《りょうげ》：「領悟」「領得」ともいう。会得すること。

◎**隣単**《りんたん》：隣の単に坐る修行者のこと。

◎**露**《ろ》：真理ははっきり堂々と目の前にあらわれているといった意味の言葉。

◎**老師**《ろうし》：師家《しけ》に対する尊称。親しく教えを受けた者は、老漢と呼ぶこともある。

【ワ】

◎**話**《わ》：「話頭」「話則」ともいう。参禅弁道の話。公案のこと。

六　禅の古典解説

本書に掲載されている主な禅の古典書等を極簡単に解説する。
（書名の五十音順）

（一）中国

◎『虚堂録《きどうろく》』

『虚堂和尚語録《きどうおしょうごろく》』は、南宋末に出た臨済宗の巨匠虚堂智愚《きどうちぐ》の語録で、一般に『虚堂録』と呼ばれ、またその別号『息畊叟《そくこうそう》』に因んで、『息畊録《そくこうろく》』とも称されている。

虚堂の法嗣《はっす》は、十数名いるが、中でも特質すべきは日本僧南浦紹明《なんほじょうみょう》（大応国師）である。その会下《えか》から宗峰妙超《しゅうほうみょうちょう》（大燈国師）を打出《たしゅつ》している。現在の日本の臨済禅はほとんど全部が虚堂―南浦―宗峰―関山慧玄《かんざんえげん》の法系、世にいう応燈関《おうとうかん》の法系に属するものであり、その意味で虚堂の歴史的役割は誠に大きいといわなければならない。

◎『景徳伝燈録《けいとくでんとうろく》』

中国北宋の永安道原（生没年不詳）の撰。景徳元（一〇〇四）年に成立し、楊億《ようおく》（九七四～一〇二〇）等の校訂を経て入蔵された、最も完備した中国禅宗史書である。

過去七仏からインドの二十八祖及び中国の六祖師を経て法眼文益《ほうげんぶんえき》（八八五～九五八）の法嗣《はっす》に至る五十二世、一七〇一人について、法系を明示し、各々の行状・機縁・語録などを記している。また、巻尾に代表的な賛・頌《じゅ》・偈《げ》・銘・記・箴《せん》・歌がまとめて収録されている。俗に「一千七百則の公案」といわれるのはこの書物の存在による。禅宗思想史研究の重要な資料であり、わが国では貞和四（一三四八）年の五山版を初版とする。

◎『五燈会元《ごとうえげん》』

『五燈会元』は中国の禅宗史、とりわけ禅宗の法系とそれに属する禅僧の伝記や機縁などを調べるのに最も手ごろで、かつ便利な一書である。

『景徳伝燈録』『広燈録』『続燈録』『聯燈会要《れんとうえよう》』及び『普燈録』を一括総称して『五燈録』というが、この五燈録の重複等を整理し、これを選択取捨し編集したものが、この『五燈会元』であり、二十巻からなっている。その内容は過去七仏からインドの二十八祖・

中国の六祖を経て諸宗諸派の主だった禅僧を網羅し、南岳下十七世の徳山子涓《とくさんしえん》で終わっている。

◎『参同契《さんどうかい》』

『参同契』は、石頭希遷《せきとうきせん》の著作であり、『信心銘』『証道歌』に次いで古い古典である。曹洞宗が石頭の法系に属する関係もあって、古来、特に曹洞宗において重んじられている。『参同契』は五字一句、四四句の古詩体、計二二〇字からなる短編であるが、その思想内容は幽玄かつ深遠である。標題の「参同契」とは、真理と現象とは不二一如であるという法理を言い換えたものだというのが定説である。

すなわち当時の玉泉神秀《ぎょくせんじんしゅう》系の北宗禅と六祖慧能《えのう》系の南宗禅の対立を根本的な立場から調停しようと願ってのことであろうと推定されている。

なお、日本の曹洞宗の専門僧堂では、毎朝の勤行《ごんぎょう》の際『宝鏡三昧』とこの『参同契』を一日おきに交互に読誦《どくじゅ》している。

◎『坐禅儀《ざぜんぎ》』

『坐禅儀』とは、坐禅の心構え・その威儀作法などを説いた書のことで、むしろ普通名詞というべきものであるが、最も流布し、その名を殆ど独占しているのは、南宋の嘉泰二（一二〇二）年に再刊された『禅苑清規《ぜんねんしんぎ》』に加えられ、後に『禅宗四部録』に収められた『坐禅儀』である。その作者は不明であるが、『禅苑清規』の著者の長蘆宗賾《ちょうろそうさく》であろうというのが定説である。

日本の臨済宗栄西の『坐禅儀』も曹洞宗の開祖道元禅師が帰朝後著した『普勧坐禅儀《ふかんざぜんぎ》』も、この『坐禅儀』がベースになっているといわれている。

およそ正しい悟りは正しい坐相・坐り方から生まれる。その正しい坐り方を分かりやすく説いたのが本書である。その意味でこの『坐禅儀』は、『普勧坐禅儀』同様必読の禅の入門書である。

◎『証道歌《しょうどうか》』

『証道歌』は、永嘉玄覚《ようかげんかく》の作で、『信心銘《しんじんめい》』に次いで古い禅の古典である。これは、永嘉が六祖大鑑慧能《だいかんえのう》に参じて悟得し、その印可証明を受けた自らの悟境・無上道の要旨を、六言と七言の句とを織り交ぜた二六七句からなる古詩体で歌唱したもので、古来、臨済・曹洞の別なく広く禅寺で諷誦《ふじゅ》され、また提唱《ていしょう》されてきたものである。

なお、日本の白隠禅師の『坐禅和讃』の冒頭に「衆生本来仏なり水と氷の如くにて水を離れて氷なく衆生の外に仏無し」とあるのは、この『証道歌』の中の一節を平易に言い換えたものである。

◎『信心銘《しんじんめい》』

『信心銘』は、中国禅宗の第三祖・鑑智僧璨《かんちそうさん》の作といわれ、一句四言の格調高い、一四六句で、深遠な禅の宗旨を簡潔かつ文学的に表現したもので、禅の数ある典籍の中でも最も初期に属し、古来から重んじられている古典の一つである。

また『信心銘』は、『証道歌《しょうどうか》』『十牛図《じゅうぎゅうず》』『坐禅儀《ざぜんぎ》』と併せて一括して「四部録」と呼ばれ、禅家では古来毎朝これを諷誦《ふじゅ》させる習わしで、それだけに禅家の提唱《ていしょう》の購本とされ、註釈書の類も数多い。

◎『十牛図《じゅうぎゅうず》』

自力仏教の修行の目的は、自己に本来備わっているにも拘わらず、煩悩妄想に覆われて行方不明になっている仏性を探し求め、これを錬磨し、真の自主自由の境涯に到達することである。この仏性を牛にたとえ、仏道の修行を牧牛にたとえることは『阿含経』に牧牛の十二法の説かれていることで察せられるようにすでに古くから行われていた。

仏教諸宗の中でもとりわけ仏性の探求と境涯の錬磨とを重視する禅宗が興隆するにつれて、牧牛の比喩が流布するようになり、禅の修行とそれに伴う境涯とを牧牛に託して図示することが南宋の頃から起こり、清居皓昇《せいごこうしょう》（洞山良价の六世の孫）の『牧牛図』などが現れた。しかし、それらは修行が進むにつれて、黒牛が次第に白牛に変化していく図柄で示し、しかもその境涯の分け方が混乱していた。

このような伝統を受けて、南宋の廓庵師遠《かくあんしおん》が、初発心の段階から、禅の理想とする活仏の境涯までを十段に分け、各段階の図と一篇の頌《じゅ》とで解説した。これが『十牛図』の原型である。そしてこれに慈遠《じおん》という人物が「総序」と各段階への「小序」とを加え、後に石《しっ》鼓《く》希夷《きい》と壊衲大璉《えのうたいれん》とが、廓庵の韻に和して作った頌を付加したものが、現在一般に流布している『十牛図』である。

◎『洞山録《とうざんろく》』

詳しくは『洞山悟本禅師語録《とうざんごほんぜんしごろく》』という。曹洞宗の宗祖洞山良价の語録である。洞山は中国の曹洞宗の宗祖として偉大な存在であり、その『洞山録』は内容の充実したものである。その中の一文「如是《にょぜ》の法《ほう》、仏祖密《ぶっそみつ》に附《ふ》す」で始まり、「潜行密用《せんこうみつよう》は、愚《ぐ》のごとく魯《ろ》のごとし、只能《ただよ》く相続《そうぞく》するを、主中《しゅちゅう》の主《しゅ》と名《なづ》く。」で終わる『宝鏡三昧』は洞山の禅の奥秘を歌ったものである。日本の曹洞宗の専門僧堂でも、前述したとおり朝の勤行《ごんぎょう》にこの『宝鏡三昧』を読誦《どくじゅ》している。

◎『塔坡禅喜集《とうばぜんきしゅう》』

宋代随一の文豪、蘇東坡《そとうば》の禅に関する詩文と逸話及び法眼宗の仏印了元《ぶついんりょうげん》（一〇三二～一〇九八）との問答を集録したもの。蘇東坡（一〇三六～一一〇一）は、四川省の人で仏教、とりわけ禅に傾倒し、禅の境地を歌った詩も多く残している。特にその詩文の才は群を抜いており、唐・宋代の優れた文章家である「唐宋八大家」の一人に数えられている。

◎『碧巌録《へきがんろく》』

詳しくは『仏果圜悟禅師碧巌録《ぶっかえんごぜんしへきがんろく》』といい、また『碧巌集』とも呼ばれる。全百則の公案集である。雲門宗中興の祖といわれる北宋の雪竇重顕《せっちょうじゅうけん》（九八〇～一〇五二）が著した『頌古百則』に対して、臨済宗虎丘派の圜悟克勤《えんごこくごん》（一〇六三～一一三五）が「垂示」「著語」「評唱」を付したもの。古来「宗門第一の書」と呼ばれ、禅の修行のテキストとして、中国・日本を通じて最も広く用いられた。圜悟の法嗣《はっす》の大慧宗杲《だいえそうこう》は弟子たちの文字への執着を恐れてこの書物を焼き捨てたというが、これは出版当初から在俗を問わず広くこの書が読まれていたことを示している。

◎『無門関《むもんかん》』

南宋の無門慧開《むもんえかい》（一一八三～一二六〇）の著になる禅籍で、臨済宗では『碧巌録《へきがんろく》』と並んで、最もしばしば提唱《ていしょう》の購本として使われてきた古典である。

当時の禅界では大慧宗杲《だいえそうこう》（一〇八九～一一六三）以来の流行を受け、看話禅《かんなぜん》すなわち古則公案を用いて開悟を計り、境涯の向上を期す禅風が盛んであったから、『無門関』は正にこの時流に乗って大いに持てはやされた。

『無門関』は中国において重んじられたが、日本においても一段と重んじられた。我が国にこれを最初に伝えたのは、無門の法嗣の心地覚心《しんじかくしん》であろうと推定される。日本での嗣法の弟子は数名いるが、やはり帰朝後、由良の興国寺を開いた心地覚心（法燈国師）が最も有名である。

◎**『臨済録《りんざいろく》』**

中国臨済宗の宗祖である唐代の臨済義玄（生年不祥〜八六七）の語録。弟子の三聖慧《さんしょうえ》然《ねん》の編纂になる。詳しくは『鎮州臨済慧照禅師語録《ちんしゅうりんざいえしょうぜんしごろく》』という。上堂語（法話）・示衆（説法）・勘弁（問答）・行録（修行の経歴）などからなる。古来、臨済宗で非常に重要視され、日本でも数多く刊行された。また多くの注釈書が書かれている。「無位の真人」「無依の道人」など、心の主体的な側面を積極的に打ち出した独自の「人」の思想を唱えた語録として知られる。その他、「無事是貴人」「随処作主、立処皆真」などの有名な言葉が数多く記録されている。

◎『六祖壇経《ろくそだんきょう》』

『六祖大師法宝壇経』、あるいは単に『壇経』ともいう。中国禅宗の第六祖であり、南宗禅の祖とされる大鑑慧能《だいかんえのう》（六三八～七一三）が、広東省大梵寺で行った説法を中心に、その他の語録・問答等も含めて収録したもの。頓悟と見性を特色とする南宗禅の根本宗旨を説く。題名の「経」というのは、大乗円頓の教説という意味で名付けられた。

慧能自らの悟りの境地を示した偈文《げもん》（詩）にある「本来無一物」という言葉が特に有名である。慧能の宗風を知る根本資料であり、宗門で広く読まれているが、後世の付加の部分も多く、また様々の異本がある。

(二) 日本

◎『永平広録《えいへいこうろく》』

道元禅師示寂後、その弟子たちの懐奘《えじょう》・詮慧《せんね》・義演《ぎえん》らが編集した道元禅師の語録。興聖寺での説法から、永平寺での最晩年の法語までが収められ、道元禅師の根本思想を理解することができる。すべて漢文で書かれており、詩や讃なども集め、漢文十巻に編集されている。別名『道元和尚広録』ともいわれている。

◎『永平大清規《えいへいだいしんぎ》』

道元禅師の著作。坐禅道場で修行僧が基準とすべき生活の決まりが記されている。内容は、典座教訓《てんぞきょうくん》（台所の心得）・対大己法《たいだいこほう》（先輩僧への礼儀）・弁道法（僧堂での生活作法）・知事清規（役職者の心得）・赴粥飯法《ふしゅくはんぽう》（食事・給仕作法）・衆寮箴規《しゅりょうしんぎ》（雲水の生活態度）。全部漢文。

◎『学道用心集《がくどうようじんしゅう》』

道元禅師の著作。修行者の心構えを十章に分けて説いたもの。漢文。

◎『狂雲集《きょううんしゅう》』

室町時代中期の禅僧一休宗純《いっきゅうそうじゅん》（一三九四〜一四八一）の漢詩集。狂雲の名称は、一休が別に狂雲子と号したのに由来する。

◎『興禅護国論《こうぜんごこくろん》』

『興禅護国論』は臨済禅の命脈を荷担して帰朝し、日本に禅宗を興そうとした明庵栄西《みんなんえいさい》（一一四一〜一二一五）が、延暦寺を中心とする旧仏教勢力の非難と攻撃とに対抗し、その非難攻撃の当たらない由縁を理路整然と述べ、禅宗の宗義と綱領とを堂々と宣揚した書である。『虚堂録』『大燈録』などの「語録」とはもちろん、『正法眼蔵《しょうぼうげんぞう》』などとも性格を異にしているが、日本の仏教史・思想史上に重要な地歩を占める典籍である。

◎『正法眼蔵《しょうぼうげんぞう》』

日本曹洞宗の開祖道元禅師の代表的な著作であり、興聖寺を建立した一二三三年に、最初の巻「摩訶般若波羅蜜《まかはんにゃはらみつ》」と「現成公案《げんじょうこうあん》」が撰述された。最終巻「八大人覚《はちだいにんかく》」は、示寂した一二五三年に書かれている。江戸期に集大成された編集本は全九十五巻からなっている。

「正法」とは真実の仏法、「眼」は一切のものを明らかに映す目という意味で、「蔵」はすべてを蓄えることを意味している。つまり、正法眼蔵とは、「正しい真実の仏法が明らかに備わっている」という意味であり、正伝の仏法について書かれている。

更に明治時代に再編集され、曹洞宗の経典『修証義《しゅしょうぎ》』として簡潔にまとめられた。

◎『**正法眼蔵随聞記**《しょうぼうげんぞうずいもんき》』

興聖寺時代に、道元禅師の弟子である懐奘《えじょう》禅師が道元禅師から聞き書きしたもの。道元禅師の直接的な著書ではないが、禅師の修行遍歴、人生観、日常の教訓、先人の逸話、社会とのかかわり方など、分かりやすい文体で仏教の真髄が述べられている。

◎『**大燈国師語録**《だいとうこくしごろく》』

無窓疎石《むそうそせき》と時期を同じくして活動し、大徳寺の開山となった大燈国師《だいとうこくし》宗峰妙超《しゅうほうみょうちょう》（一二八二～一三三七）の語録である。

◎『**伝光録**《でんこうろく》』

『伝光録』は瑩山《けいざん》禅師の著作である。曹洞宗の正伝を示すため、釈尊の第一の弟子摩訶迦《まかか》葉《しょう》尊者以下、菩提達磨《ぼだいだるま》を経て、道元禅師、懐奘禅師までの一仏五十二祖の悟りの経緯や内容をまとめたもの。

「伝」は正伝（正しく伝える）、単伝（途切れなく伝える）の意味で、「光」は仏の教えをいう。つまり、仏の教えを正しくまっすぐに伝えた語録という意味である。道元禅師の『正法眼蔵《しょうぼうげんぞう》』とともに、曹洞宗の二大宗典とされている。

◎『普勧坐禅儀《ふかんざぜんぎ》』

道元禅師が中国（宋）から帰朝した喜禄三（一二二七）年に著した正伝の坐禅を明らかにし人々に勧めた書である。坐禅の伝統、方法、意義、心得などをまとめた我が国最初の指導書であり、格調高い漢文の四六駢儷体《しろくべんれいたい》で書かれた名文である。三十四歳のとき京都の興聖寺で書いたものが、国宝として大本山永平寺に所蔵されている。

なお、『普勧坐禅儀』の原文及び意訳は、70~78頁参照のこと。

◎『仏祖正伝菩薩戒作法《ぶっそしょうでんぼさつかいさほう》』

道元禅師が、師匠の如浄禅師から授けられた菩薩戒と、その儀式・作法を記録したもの。『修証義《しゅしょうぎ》』の第三章に記されている戒律（十六条戒）がこの菩薩戒である。仏法僧に帰依する三帰、自他に善行を行う三聚浄戒《さんじゅじょうかい》、そして不殺生や不邪淫などの十重禁戒《じゅうじゅうきんかい》を合わせたもので、曹洞宗の戒律の土台となっている。

◎『**宝慶記**《ほうきょうき》』

道元禅師が中国で師匠の如浄禅師から受けた教えを覚書風にまとめたもので、殆どが問答形式で記されている。原本は残っていないが、道元禅師の示寂後、その弟子懐奘《えじょう》禅師が遺書の中から発見して、清書し、公にした。若き日の道元禅師がどんな疑問を抱いて修行していたかがわかり、また道元禅師の疑問に対する如浄の説示に如浄の人となりや教えも伝わってくる。書名の宝慶は当時の中国の年号である。

◎『**夜船閑話**《やせんかんな》』

日本臨済宗中興の祖、白隠慧鶴《はくいんえかく》禅師（一六八五～一七六八）の著作。禅師の仮名法語の代表作である。若き時に禅病におかされた白隠禅師が、京都北白川の山中に隠遁する白幽仙人の存在を人から教えられ、仙人を訪ね、その病を克服する法を授かる。禅師のかかった禅病は、肺病でもあり、一種のノイローゼのようなものでもあったようだが、仙人はこれを癒すために「内観《ないかん》の法《ほう》」と「軟酢《なんそ》の法《ほう》」という二つの瞑想法を授けた。白隠禅師はこの法の実践によって、必死の病を乗り越えることができた。そして、自らの体験を「ものがたり」にして、同病の者に示した。江戸期から最もよく読まれてきた法語であるが、近代になっても、この内観《ないかん》の法《ほう》によって健康を回復した例がいくつも報告されている。

◎**『良寛詩集《りょうかんししゅう》』**

大愚良寛《たいぐりょうかん》（一七五八～一八三一）の漢詩集である。良寛の漢詩集には、別に自筆の詩稿『草堂詩集』もあって、重複するもの五十一首を含めて二百三十五首存在する。

七　坐禅のできる寺院案内

初心者でも気軽に坐禅できる寺院等は、以下のとおり全国各地に多数存在する。

なお、坐禅希望者は、郵送、電話などで坐禅希望日時・服装（持参品）・参加費・その他参加細部要領等を直接各寺院等に確認されたい。

(一) 大本山等

出家得度した雲水の坐禅修行が対象であるが、一般在家の坐禅希望者でも別メニューで参加可能である。

◎曹洞宗（僧堂）

○大本山永平寺特別僧堂　〒九一〇－一二九四　福井県吉田郡永平寺町志比五－一五
電話〇七七六－六三－三一〇二

○大本山總持寺特別僧堂　〒二三〇―八六八六　神奈川県横浜市鶴見区鶴見二―一―一
電話〇四五―五八一―六〇二一

○大本山永平寺別院長谷寺専門僧堂　〒一〇六―〇〇三一　東京都港区西麻布
二―二一―三四
電話〇三―三四〇〇―五二三二

○大本山總持寺祖院専門僧堂　〒九二七―二一五六　石川県輪島市門前町一―一八甲
電話〇七六八―四二―〇〇〇五

○最乗寺専門僧堂　〒二五〇―〇一二七　神奈川県南足柄市大雄町一一五七
電話〇四六五―七四―三一二一

○西有寺専門僧堂　〒二三一―〇八五九　神奈川県横浜市中区大平町九六
電話〇四五―六六一―〇一六六

○可睡斎専門僧堂　〒四三七―〇〇六一　静岡県袋井市久能二九一五―一
電話〇五三八―四二―二一二一

○日泰寺専門僧堂　〒四六四―〇〇五七　愛知県名古屋市千種区法王町一―一
電話〇五二―七五一―〇二一四

○愛知専門尼僧堂　〒四六四―〇〇四五　愛知県名古屋市千種区城山町一―八〇
電話〇五二―七五一―二六七一

○妙厳寺専門僧堂　〒四四二―八五三八　愛知県豊川市豊川町一
電話〇五三三―八五―二〇三〇

○興聖寺専門僧堂　〒六一一―〇〇二一　京都府宇治市宇治山田二七―一
電話〇七七四―二一―二〇四〇

○智源寺専門僧堂　〒六二六―〇〇二七　京都府宮津市京街道七六九
電話〇七七二―二二―二六〇四

○洞松寺専門僧堂　〒七一四―一二一二　岡山県小田郡矢掛町横谷三七九六
電話〇八六六―八二―〇〇八七

○瑞應寺専門僧堂　〒七九二―〇八三五　愛媛県新居浜市山根町八―一
電話〇八九七―四一―六五六三

○明光寺専門僧堂　〒八一二―〇〇四一　福岡県福岡市博多区吉塚三―八―五二
電話〇九二―六二一―二六九八

○安国寺専門僧堂　〒八一〇―〇〇〇一　福岡県福岡市中央区天神三―一四―四

○皓台寺専門僧堂　〒八五〇―〇八七二　長崎県長崎市寺町一
電話〇九五―八二三―七二一一
電話〇九二―七四一―二七七〇
○長国寺専門僧堂　〒三八一―一二三一　長野県長野市松代町松代一〇一五
電話〇二六―二七八―二四五四
○寶慶寺専門僧堂　〒九一二―〇四三四　福井県大野市宝慶寺一―二
電話〇七七九―六五―八八三三
○御誕生寺専門僧堂　〒九一五―〇〇四三　福井県越前市庄田町三三一
電話〇七七八―四三―六〇八一
○発心寺専門僧堂　〒九一七―〇〇五四　福井県小浜市伏原四五―二
電話〇七七〇―五二―〇五二五
○大乗寺専門僧堂　〒九二一―八一一四　石川県金沢市長坂町ル一〇
電話〇七六―二四一―二六八〇
○富山専門尼僧堂　〒九三〇―一三一二　富山県富山市上滝一〇四
電話〇七六―四八三―一二一七

○大榮寺専門僧堂　〒九五〇―〇二〇五　新潟県新潟市江南区沢海三三一八
電話〇二五―三八五―二〇三二

○正法寺専門僧堂　〒〇二三―〇一〇一　岩手県奥州市水沢区黒石町字正法寺一二九
電話〇一九七―二六―四〇四一

○善寶寺専門僧堂　〒九九七―一一一七　山形県鶴岡市下川字関根一〇〇
電話〇二三五―三三―三三〇三

○中央寺専門僧堂　〒〇六四―〇八〇六　北海道札幌市中央区南六条西二―一
電話〇一一―五一二―七三二一

○定光寺専門僧堂　〒〇八五―〇八四二　北海道釧路市米町三―二―三
電話〇一五四―四一―四三一八

◎臨済宗等（各派大本山）

○大本山妙心寺　〒六一六―八〇三五　京都市右京区花園妙心寺六四
電話〇七五―四六三―三一二一

○大本山建長寺　〒二四七―〇〇六二　神奈川県鎌倉市山ノ内八
電話〇四六七―二二―〇九八一

○大本山円覚寺　〒二四七―〇〇六二　神奈川県鎌倉市山ノ内四〇九
電話〇四六七―二二―〇四七八

○大本山南禅寺　〒六〇六―八四三五　京都府京都市左京区南禅寺福地町
電話〇七五―七七一―〇三六五

○大本山方広寺　〒四三一―二二二四　静岡県浜松市北区引佐町奥山一五七七―一
電話〇五三五四―三―〇〇〇三

○大本山永源寺　〒五二七―〇二一二　滋賀県東近江市永源寺高野町四一
電話〇七四八―二七―〇〇一六

○大本山仏通寺　〒七二九―〇四七一　広島県三原市高坂町許山二二
電話〇八四八―六六―三五〇二

○大本山東福寺　〒六〇五―〇九八一　京都市東山区本町一五―七七八
電話〇七五―五三一―五二〇七

○大本山相国寺　〒六〇二―〇〇三三　京都市上京区今出川通相国寺門前町七〇一
電話〇七五―二三一―〇三〇一

○大本山建仁寺　〒六〇五―〇九三三　京都市東山区大和大路通四条下ル四丁目
小松町五八四
電話〇七五―五六一―〇一九〇

○大本山天龍寺　〒六一六―八三八五　京都市右京区嵯峨天龍寺芒ノ馬場町六八
電話〇七五―八八一―一二三五

○大本山向嶽寺　〒四〇四―〇〇四二　山梨県甲州市塩山上於曽二〇二六
電話〇五五三―三三―二〇九〇

○大本山大徳寺　〒六〇三―八二三一　京都市北区紫野大徳寺町五三
電話〇七五―四九一―〇〇一九

○大本山国泰寺　〒九三三―〇一三三　富山県高岡市太田一八四
電話〇七六六―四四―〇六一〇

○黄檗宗大本山万福寺　〒六一一―〇〇一一　京都市宇治市五ヶ庄三番割三四
電話〇七七四―三二―三九〇〇

(二) 一般の寺院

一般の坐禅希望者は、誰でも参加できる。

◎曹洞宗

日本の曹洞宗の寺院約一五〇〇〇寺中坐禅会を実施している県別寺院数は、拙僧が「曹洞宗禅ネット」で調べた限りでは、概略次のとおりである。

北海道十五・青森五・岩手七・宮城十・秋田十・山形九・福島十一・茨城十一・栃木六・群馬二十一・埼玉十四・千葉十七・東京二十二・神奈川二十・新潟六・富山八・石川四・福井六・山梨九・長野二十四・岐阜十六・静岡三十八・愛知三十四・三重五・滋賀七・京都十三・大阪七・兵庫十四・奈良二・鳥取六・島根六・岡山十・広島十・山口十五・徳島一・香川三・愛媛四・福岡四・佐賀七・長崎五・熊本一・大分一・宮崎九・鹿児島一　計四五四寺院　坐禅希望者は直接「曹洞宗禅ネット」参照のこと。

◎**臨済宗（黄檗宗《おうばくしゅう》を含む）**

臨済宗の坐禅会は、各派単位で実施しているので「臨済宗禅ネット」参照のこと。

付記：経文、禅語集、古典書名等を除き、文章中で難読と思われる漢字は、基本的には見開き頁（二頁）の初出しの漢字のみにルビを付し、後出しの重複漢字のルビは省略することでほぼ思想統一した。

おわりに

以上、禅なかんずく坐禅の概要等について、総括的に論述してきたが、禅（坐禅）の究極の要は、精神的な心の問題に尽きる。それは道元禅師の『普勧坐禅儀《ふかんざぜんぎ》』の意訳（73〜78頁参照のこと）に示したところであるが、その坐禅の精神の肝心要な箇所を難解ではあるが更に重ねて別の表現で説明すれば次のとおりである。

「兀兀《ごつごつ》として坐定《ざじょう》して、箇《こ》の不思量底《ふしりょうてい》を思量《しりょう》せよ。不思量底如何《ふしりょうていいかん》が思量《しりょう》せん。非思量《ひしりょう》。此《こ》れ乃《すなわ》ち坐禅《ざぜん》の要術《ようじゅつ》なり。」

（『普勧坐禅儀』の核心抜粋）

あたかも山が動かないように坐りこみ、思いはかり（思量）や分別を超えたところを思いはかるのである。どうして思いはかりや分別を超えたところを思いはかるのかと言えば、それは思いはかりをなくすことではなく、思いはかりの一つ一つに思いはかりを超えた智の働きを現わしていくことである。これが坐禅にとって一番大事なことである。

すなわち道元禅師は、身なりを調え、姿勢が決まり、息が調ってきたら、様々な縁《とらわれ》を放って、心穏やかにして静かならしめ、万物の営みを休息《とりや》め、善悪や是非の分別にかかわらないこと、これが坐禅の要諦《ようてい》だと言っている。

非思量というのは、考えることができないようなところのものをとらえるということである。これは観照（主観を交えないで物事を冷静に観察して意味を明らかに知ること）に通じる。道元禅師のいう「思いはかりや分別を超えたところを思いはかる」というのは、ある種、観照者になることである。


さて三昧には王三昧（静中三昧）と個三昧（動中三昧）があり、王三昧とは坐禅のことを指し、個三昧は個々の三昧の意味で坐禅以外の精神集中のことであることは本文第一項の三昧のところで既に述べた。

この王三昧の中でも最も優れた至極の王三昧を体験した人は、例えば菩提樹の下で大悟された仏祖釈尊であり、また中国（宋）の天童山如浄禅師の下で坐禅中に身心脱落を体験した道元禅師その人である。

一言で坐禅と言っても坐禅の程度（内容）には、質的なレベルがある。雲水が禅宗の専門僧堂で修行する勤行《ごんぎょう》、作務《さむ》、托鉢《たくはつ》等は、個三昧を目指すものである。この禅道場での血のにじむような行住坐臥《ぎょうじゅうざが》の集積を織り込んだ坐禅修行から王三昧による大輪の花（悟り）を咲かせる人物が出てくるのである。

なお、僧界以外でも例えば、それぞれの専門分野で立派な業績を残した人物等は高度な個三昧の境地に到達しているのではないかと拙僧は考えている。

そのような境地を体験している人々に共通して言えることは、携わっている対象に対して、嬉々とした生き甲斐のある人生を歩んでいる人が殆どである。そこには苦しみのうちにも集中の充実感や達成感と安心《あんじん》が伴っている。

快楽することが幸福であると思っている生活は、心揺さぶる感激は湧かず、倦怠の結果だけが残るものである。生き甲斐とは感動する心でありそれは個三昧の集積から生まれるものと考察する。

以上要するに、この世は諸行無常であるが、この世に絶対かつ平等なものがたった一つある。それは人は遅かれ早かれ必ず死ぬということである。したがって何時いかなることが起ころうとも悔いのないように今日只今を一生懸命集中して大切かつ丁寧に生きることが肝要である。どうか真剣に打ち込める生き甲斐を見つけて今日只今の生活が充実したものとなるよう読者のご精進を期待して結びとする。

令和五年一月吉日

山寺邦道合掌

参考（引用）文献一覧

本書を執筆するにあたり、これまでの僧侶としての経験及び知識に加え、以下の文献等を参考にした。初心者向けのハウツー本から高度な禅の学術専門書に至るまで玉石混交《ぎょくせきこんこう》の感があるが、拙僧が目を通したものは一応全部掲載することとした。

（書名の五十音順）

［ア］

山田無文『愛語』禅文化研究所
平井正修『「安心」を得る』徳間文庫
西村惠信『生き方。死に方。』禅文化研究所
松野宗純『生き方の坐禅堂』ＰＨＰ研究所
秋月龍珉『一日一禅』講談社学術文庫
帯津良一『一日一分の呼吸法』大和書房
植木雅俊『今を生きるための仏教１００話』平凡社

参考（引用）文献一覧

［カ］

桝野俊明『片づける禅の作法』河出文庫
野口法蔵『からだに効く坐禅』七つ森書館
細川景一『枯木再び花を生ず』禅文化研究所
板橋興宗『閑々堂』曹洞宗御誕生寺復刻版
野々村馨『食う寝る坐る永平寺修行記』新潮文庫
大森曹玄『剣と禅』春秋社
藤田一照『現代坐禅講義』角川ソフィア文庫
鈴木大拙監修・西谷啓治編集『講座禅全八巻』筑摩書房
齋藤孝『声に出して読みたい禅の言葉』草思社
板橋興宗・帯津良一『〈呼吸〉という生き方』春秋社
中野東禅『心が大きくなる坐禅のすすめ』三笠書房
高田明和『心が奮い立つ禅の名言』双葉社
禅文化研究所編著『心にとどく禅のはなし』禅文化研究所
小川隆『語録のことば唐代の禅』禅文化研究所

小川隆『語録の思想史―中国禅の研究』岩波書店

［サ］

川野泰周監修『最高の坐禅と瞑想法』椥出版社
河野太通『坐禅と呼吸法』佼成出版社
大童法慧『坐禅に学ぶ』さくら舎
内山興正『坐禅の意味と実際』大法輪閣
高橋正浩監修『坐禅のおもい』郁朋社
関田一喜『坐禅の構造と実践』木耳社
西嶋和夫監修『坐禅の心得』金園社
山田無文他『坐禅のすすめ』禅文化研究所
西嶋和夫『坐禅のやり方』金沢文庫
角田泰隆『坐禅ひとすじ』角川文庫
東隆眞『「坐禅用心記」に参ずる』大法輪閣
鈴木格禅『坐禅要典』大法輪閣
山寺邦道『死生観』パレード社

参考（引用）文献一覧

山寺邦道編著『死への準備』パレード社
増谷文雄『釈尊のさとり』講談社
西谷啓治『宗教と非宗教の間』岩波現代文庫
笹倉明『出家への道苦の果てに出逢ったタイ仏教』幻冬舎新書
水野弥穂子校注『正法眼蔵（一）～（四）』岩波文庫
道元著・増谷文雄全訳注『正法眼蔵（一）～（八）』講談社学術文庫
安良岡幸作全訳注『正法眼蔵・行持上下』講談社
水野弥穂子訳『正法眼蔵随聞記』ちくま学芸文庫
山崎正一全訳注『正法眼蔵随聞記』講談社学術文庫
頼住光子『正法眼蔵入門』角川ソフィア文庫
寺田透『正法眼蔵を読む』法蔵館
柳田聖山『初期禅宗史書の研究柳田聖山集六』法蔵館
竹貫元勝『新日本禅宗史』禅文化研究所
斉藤信義『〈慈悲の坐禅〉を生きる』春秋社
上田閑照『十牛図』ちくま学芸文庫

西村惠信『坐る』禅文化研究所
桝野俊明『図太くなれる禅思考』文響社
鈴木大拙著・工藤澄子訳『禅』ちくま文庫
田中良昭編『禅学研究入門第二版』大東出版社
出口鉄城編『禅学質疑解答』原書房
鈴木大拙『禅学入門』講談社学術文庫
松原泰道『禅語百選』祥伝社
沖本克己・竹貫元勝『禅語百科』淡交社
西村惠信『禅語を読む』門川選書
柳田聖山『禅思想』中公新書
小川隆『禅思想史講義』春秋社
荻須純道『禅宗史入門』平楽寺書店
石川力山『禅宗相伝資料の研究上・下』法藏館
池田書店編集部編『禅心と体が綺麗になる坐り方』池田書店
宇野全智『禅と生きる』山川出版社

参考（引用）文献一覧

上田祖峯『禅と食事』三省堂
鈴木大拙『禅と日本文化』講談社
玄侑宗久・有田秀穂『禅と脳』大和書房
鎌田茂雄『禅とはなにか』講談社学術文庫
鈴木大拙『禅とは何か』角川ソフィア文庫
鈴木大拙著・横川顕正訳『禅堂生活』岩波文庫
鈴木大拙・守屋友江編訳『禅に生きる』ちくま学芸文庫
櫛谷宗則編『禅に聞け―澤木興道老師の言葉』大法輪閣
北野大雲『禅に親しむ』禅文化研究所
禅文化研究所『禅入門』淡交社
鈴木大拙・小堀宗柏訳『禅による生活』春秋社
藤田一照他『禅の教室』中公新書
千宗室監修・芳賀幸四郎他著『禅の古典詳解』淡交社
枡野俊明『禅の言葉』大和書房
高田明和『禅の言葉に学ぶ生き方』大和書房

中川孝『禅の語録4六祖壇経』筑摩書房
梶谷宗忍・柳田聖山・辻村公一『禅の語録十六　坐禅儀』筑摩書房
星覚『禅の作法』主婦の友
鈴木大拙『禅の思想』岩波書店
角田泰隆『禅のすすめ』角川ソフィア文庫
山川宗玄『禅の智恵に学ぶ』NHK出版
大森曹玄『禅の発想』講談社
伊吹敦『禅の歴史』法蔵館
秋月隆珉『禅仏教とは何か』法蔵館文庫
柳田聖山『禅仏教の研究柳田聖山集1』法蔵館
鈴木俊隆著・松永太郎訳『禅マインドビキナーズ・マインド』サンガ新書
鈴木俊隆著・藤田一照訳『禅マインドビキナーズ・マインド2』サンガ新書
永井宗直『禅を知りたい』枻出版社
山折哲雄『早朝坐禅』祥伝社新書
角田泰隆『曹洞宗』日東書院

中野東禅監修『曹洞宗のお経』双葉社
小川隆『続・語録のことば―《碧巌録》と宋代の禅』禅文化研究所

［タ］
高田明和『魂をゆさぶる禅の名言』双葉社
安永祖堂『坦翁禅話』禅文化研究所
小川隆『中国禅宗史』ちくま学芸文庫
大谷哲夫編『道元一日一言』致知出版社
大谷哲夫訳注『道元「永平広録・上堂」選』講談社学術文庫
大谷哲夫全訳注『道元「小参・法語・普勧坐禅儀」』講談社学術文庫
頼住光子『道元「自己・時間・世界はどのように成立するか」』ＮＨＫ出版
鏡島元隆『道元禅師語録』講談社学術文庫
伊藤秀憲他訳『道元禅師全集第十四巻語録』春秋社
河村孝道・石川力山編『道元禅師と曹洞宗』吉川弘文館
秋月隆珉『道元禅師の「典座教訓」を読む』ちくま学芸文庫
杉尾玄有『道元禅の参究』春秋社

中村璋八他『道元典座教訓・赴粥飯法』講談社学術文庫
大谷哲夫全訳注『道元「宝慶記」』講談社学術文庫
枡野俊明『「動じない」心のコツ』世界文化社
重松宗育『童話禅のこころを歌う』禅文化研究所

［ナ］
枡野俊明『眺める禅』小学館
オイゲン・ヘリゲル述・柴田治三郎訳『日本の弓術』岩波文庫
藤吉慈海『日本の禅語録十四』講談社

［ハ］
直木公彦『白隠禅師健康法と逸話』日本教文社
大本山建長寺監修『はじめての禅』学研パブリッシング
横田南嶺・藤田琢司共著『武渓集訳注』禅文化研究所
森政弘『仏教新論』校正出版社
増谷文雄『仏教百話』ちくま文庫
蓑輪顕量『仏教瞑想論』春秋社

藤田一照『ブッダが教える愉快な生き方』ＮＨＫ出版
山川宗玄『ブッダの言葉』リベラル社
多田修編訳『ブッダの小ばなし』法蔵館
碧巌録研究会訳・末木文美士編『碧巌録（上中下）』岩波文庫
入谷義高他訳注『碧巌録（上中下）』岩波文庫
山下良道『本当の自分とつながる瞑想』河出文庫

［マ］
鈴木大拙『無心ということ』角川ソフィア文庫
永井宗直『無心のすすめ』集英社
佐々木容道『無窓国師―その漢詩と生涯』春秋社
西村惠信訳注『無門関』岩波文庫
山川宗玄『無門関提唱』春秋社
中野東禅『目でわかる坐禅の入門―心ひかれる禅の世界曹洞宗』創作者

［ヤ］
吉澤勝弘訳注『夜船閑話・白隠禅師法語全集第四冊』禅文化研究所

高野澄編訳『山岡鉄舟剣禅話』たちばな教養文庫
オイゲン・ヘリゲル・稲富栄次郎他訳『弓と禅』福村出版
中野東禅『読む坐禅』創元社

〔ラ〕
増谷文雄『臨済と道元』春秋社
山田無文『臨済録』禅文化研究所
入谷義高訳注『臨済録』岩波文庫
小川隆『臨済録―禅の語録のことばと思想』岩波書店
中川孝『六祖壇経』たちばな教養文庫

〔ワ〕
山田無文『和顔』禅文化研究所
松原哲明『私の禅的生き方』大和書房
板橋興宗・有田秀穂共著『吾唯知足』佼成出版社
（以下略）

著者略歴

僧名　山寺邦道（やまでら・ほうどう）
俗名　山寺邦夫（やまでら・くにお）
1943年　長野県に生まれる
1968年　慶応義塾大学卒業
1968年　海上自衛隊幹部候補生学校に入校
1998年　海上自衛隊定年退官（上級幹部）
2012年　中野東禅老師を導師として在家得度（曹洞宗）
2013年　板橋興宗禅師を導師として出家得度（曹洞宗）

山寺邦道『死生観』パレード社（2021年4月電子書籍化）
山寺邦道編著『死への準備』パレード社（2022年6月電子書籍化）
山寺邦道編著『禅』パレード社（2024年電子書籍化予定）

著者ホームページ　https：//www.jihi.jp

禅　山寺邦道傘寿記念

2023年1月7日　第1刷発行

著　者　山寺邦道《やまでらほうどう》

発行者　太田宏司郎
発行所　株式会社パレード
大阪本社　〒530-0021　大阪府大阪市北区浮田1-1-8
TEL 06-6485-0766　FAX 06-6485-0767
東京支社　〒151-0051　東京都渋谷区千駄ヶ谷2-10-7
TEL 03-5413-3285　FAX 03-5413-3286
https://books.parade.co.jp
発売元　株式会社星雲社（共同出版社・流通責任出版社）
〒112-0005　東京都文京区水道1-3-30
TEL 03-3868-3275　FAX 03-3868-6588
印刷所　創栄図書印刷株式会社

ISBN 978-4-434-30528-3　C0015